서양 검술 메모

서양 검술 메모

창작자를 위한 르네상스 유럽 무술의 이해

초판 1쇄	2024년 7월 26일	
초판 3쇄	2024년 11월 15일	

지은이	PIRATA

출판책임	박성규	**펴낸이**	이정원
편집주간	선우미정	**펴낸곳**	도서출판 들녘
기획이사	이지윤	**등록일자**	1987년 12월 12일
편집진행	이수연	**등록번호**	10-156
편집	이동하·김혜민	**주소**	경기도 파주시 회동길 198
디자인	하민우	**전화**	031-955-7374 (대표)
마케팅	전병우		031-955-7381 (편집)
경영지원	김은주·나수정	**팩스**	031-955-7393
제작관리	구법모	**이메일**	dulnyouk@dulnyouk.co.kr
물류관리	엄철용		

ISBN	979-11-5925-878-7 (03690)

서양 검술 메모

창작자를 위한
르네상스 유럽 무술의 이해

PIRATA 지음

서문

이 책을 읽는 분들이라면 흔히 '서양 검술'이라 불리는 분야에 호기심을 갖고 계실 겁니다. 원래 무술에 관심이 있었을 수도 있고 인터넷으로 우연히 접하셨을 수도 있겠습니다. 이외에도 영화나 드라마, 소설이나 만화를 보고 흥미를 느끼셨다거나, 혹은 그런 작품을 직접 만드는 창작자의 입장에서 영감을 얻기 위해 이 책을 펼쳐 보셨을지도 모르겠습니다.

　제가 '서양 검술' '중세 무술', 정확히 말해 '르네상스 유럽 무술 복원'에 입문한 계기도 그렇습니다. 이를 소재로 창작을 하고 싶었기 때문이었습니다. 그보다 더 오래전부터 〈반지의 제왕〉 같은 영화나 RPG 게임에 등장하는 무기를 실제로는 어떻게 썼을까 궁금해해온 사람이었기에 그것을 창작의 소재로 쓰겠다고 생각할 수 있었겠지요. 이 책을 쓰고 그리는 동안 항상 스스로의 입문 계기를 생각했습니다. 이 책을 읽는 동안 여러분이 즐겁고 흥미로운 시간을 보내실 수 있기를 바라며, 특히 저처럼 창작의 영감을 찾아 이 분야까지 오게 된 분들이 기뻐하실 수 있다면 더욱 좋겠습니다.

　인터넷과 SNS가 발달한 지금은 검색만 하면 많은 정보가 쏟아집니다. 정보가 많은 것은 좋은 일이지만 체계 없이 파편화된 정보의 산사태는 우리 스스로의 소양에 대한 판단력을 흐리게 합니다. 기준과 맥락 없이 그저 많기만 한 정보는 그 분야에 대해 많은 것을 알고 있다는 착각을 심어주지만, 사실은 그저 잠깐 즐기고 넘어갈 군것질거리를 쌓아놓은 것과 마찬가지입니다.

　오늘날과 같은 정보 과잉의 시대에 일정한 체계에 기반하여 정리된 책은 다소 거칠고 불완전하더라도 의미 있는 소양을 쌓을 수 있는 기준이 됩니다. 수가 적기는 하지만, 한국에는 '르네상스 무술' '중세 무술'이라는 주제를 접하기 좋은 책이 이미 나와 있습니다. 이 책 또한 여러분이 앞으로 접하실 많은 정보를 정리하는 기준을 만드는 데 도움이 되기를 바랍니다.

지난 십 년간 르네상스무술협회(the Association for Renaissance Martial Arts, ARMA) 한국 연구회에서 함께 수련했던 동료들과 디렉터 존 클레멘츠 씨, 특히 르네상스 시대 무술서 사료 연구와 한국어 번역에 힘쓰고 계신 이재훈 씨, 오진석 씨, 박재현 씨께 감사드립니다.

이 책은 입문자에게 필요하다 생각한 내용을 임의로 선택하여 구성하였으며, 현재 알 수 있는 르네상스 무술의 모든 체계를 다루지 않습니다. 무술 수련을 위한 매뉴얼이 아니라 검과 무술에 대한 가벼운 정보를 다룬 책으로 이해해주시면 좋겠습니다. 또한 저의 이해의 미진함이 반영되어 있을 수 있습니다.

15세기 이탈리아의 사범 피오레 데이 리베리는 사십 년 동안 무술가로 살며 익힌 내용들을 훌륭한 책으로 남겼습니다. 하지만 오랜 시간이 지난 지금 그 책을 보면서 피오레가 익힌 무술을 이해하기는 매우 어렵습니다. 하물며 전업 무술가도 아닌 제가 피오레의 4분의 1밖에 안 되는 시간 동안 취미로 수련하면서 해낼 수 있는 일의 수준은 그리 대단하지 않을 겁니다. 이 부족함에 대해 독자 여러분께 미리 양해를 구합니다.

목차

1장

무술 복원과 무술

1장을 시작하며

1장에서는 한마디로 정리하기 어려운 여러 주제들을 다소 두서없이 다룹니다.

첫 번째는 흔히 '중세 검술'이나 '서양 검술'이라 불리는 르네상스 유럽 무술을 이해하는 데 필요한 배경에 관한 내용입니다. 수백 년 전에 수련 전통이 단절된 무술을 어떻게 복원해나가는지, 그 과정에서 빠지기 쉬운 함정은 무엇인지에 대해서도 간략하게 다뤘습니다.

두 번째로 다루는 내용은 대중매체를 통해 익숙한 무술의 이미지에 관한 이야기입니다. 바위나 갑옷을 진흙처럼 베는 검, 번개 같은 발도술, 생명을 담보로 건 극한의 단련 등등 무술에는 여러 가지 환상적인 이미지들이 붙어 있습니다. 그리고 누군가는 이러한 환상을 더 발전시켜 마케팅에 나서기도 하고, 때론 그 환상이 깨지는 바람에 망신을 당하기도 합니다. 이러한 환상은 영화, 소설, 만화 등의 대중매체를 통해 탄생했으며, 창작자들에겐 귀중한 영감의 원천이 됩니다. 그러나 환상을 잠시 내려놓고 어디까지가 사실이고 어디서부터가 만들어낸 것인지 구분하지 않는다면 실제 무술에 대해 이해하기는 어렵습니다.

세 번째는 검 그 자체에 관한 내용입니다. RPG 게임과 판타지 소설에 익숙한 사람들에겐 '숏소드' '바스타드소드' '롱소드' 같은 이름들이 낯설지 않겠지요? 이러한 이름들이 어디서 유래했고 당대에는 어떻게 불렸는지 다뤄봅니다. 또한 검의 특성과 무기로서 유독 특별한 취급을 받았던 이유, 검의 구조에 대해서도 살펴볼 것입니다.

르네상스 유럽 무술에서는 매우 다양한 무기를 다룹니다. 하지만 그 많은 무기 중에 이번에는 일부러 검에만 집중했습니다. 스스로도 보다 풍부한 무기들을 다루지 않은 데 대한 아쉬움이 있지만, 사실 검에는 그 다양한 무기들의 특징이 모두 응축되어 있습니다.

르네상스 시대의 여러 사범은 한 자루의 검으로 자기 방어를 수행하는 소양이 무술의 기초라고 말했습니다. 저 또한 이들의 시각에 공감하면서 검에 집중하기로 한 것은 나쁘지 않은 선택이라 생각하고 있습니다. 실제로 검으로 자신을 지키고 그 방법을 다른 이들에게 지도하며 살았던 당사자들의 의견을 이 시대의 제가 감히 아니라고 거스를 수 있겠습니까?

⚜ 일러두기

작가 A 씨에게는 좀처럼 채워지지 않는
갈증이 있습니다.

A 씨는 어릴 때부터
검을 들고 싸우는 캐릭터들을 사랑했습니다.
작가가 된 뒤에는
스스로 그런 캐릭터를 만들고 싶어 합니다.

시대가 변해도
역시 주인공의 무기는
검이 최고라고!

내 애들이

좀 더 진짜 같은
칼싸움을 하면
좋겠어요!

…근데 막상 배워보니
생각하던 거랑
다른데?

A 씨는 자기 작품의 표현력을 향상하기 위해
현대에도 가깝게 접할 수 있는 '검을 사용하는 무술'을
배우기 시작했습니다.
하지만 어쩐지 기대하던 것과 다른 모양입니다.

또 다른 경우를 볼까요?
B 씨와 C 씨는 각각 펜싱과 검도를
진지하게 수련해왔습니다.
두 사람에게는 공통점이 있습니다.
바로 이러한 의문을 갖고 있다는 것입니다.

진지한 수련자는 많지만,
굳이 이런 류의 호기심을 품지 않고
그저 스스로 어제보다 나아지기 위해
단련하는 경우가 대부분입니다.

하지만 어떤 사람들은 자신이 배우는 것의 기원에
대해 호기심을 가집니다.

수는 적어도 분명 누군가는요.

내가 연습하는
이 무술은 언제부터
이런 모습이었을까?

그리고
왜 이런 모습이
된 걸까?

하지만 그 호기심을 꼭 충족시켜야 할까요?

이러한 반론에 대한 대답은 결국 하나로 요약됩니다.

...어디를 가나 이런 사람들은 꼭 있기 마련이죠.
이 책을 쓰고 그린 작가도 그런 사람입니다.

궁금증에 사로잡혀 딴 길로 빠지고 마는 사람들을 위한
좀 더 자세한 변명도 있습니다.

이 책은 앞에 나온 B 씨와 C 씨가 궁금해하는
현대 검도와 펜싱의 원형을 다루지는 않습니다.
그 부분을 통찰력 있게 다루는 훌륭한 책들이
이미 여럿 존재하거든요.

아깝네.

그것도 같이 공부하고
책을 만들지 그랬어요?

오호~?

하지만 작가 A 씨에겐
앞으로 이 책에서 다룰 내용들이 굉장히 유용할 것입니다.

진짜요?
장담해요?

자신감이
넘치시네!

이 책은 주로 14~17세기 유럽에서 작성된 무술서들을 토대로
복원 중인 르네상스 무술(Martial Arts of Renaissance Europe)의
일부분을 다루고 있습니다.

흔히
'중세 무술'이나

'롱소드 검술'이라
알려진 그겁니다.

이 무술은
검으로 싸우는 것
이외의 부분도
중요하지만

이 책에서는 구성상
검을 다루는 것에
집중합니다.

이 책의 또 다른 중요한 축은
미디어에서 묘사되는 칼싸움의 모습입니다.

영화, 소설, 만화 등의 많은 창작물은
현실의 무술에 영감을 받아
미디어 안에서 재생산되는
독특한 칼싸움 전통을 공유합니다.

아! 이건
확실히 도움이
되겠네.

발도술은
정말 강력한가?

최강의 자세는
뭘까?

게임 속 몬스터와
싸우는 검술은
어떤 식이어야 할까?

이러한 주제를 다룰 때는
'엄격하게 르네상스 무술만 다룬다'는
규칙을 지키지 않습니다.

그만큼 깊은 내용으로
파고들지는
못하겠군요.

더 알고 싶으면
다른 공부도
해야 하는 건가?

텅텅

얄팍-

'한 권으로 끝내는
르네상스 유럽 무술' 같은 걸
기대했는데….

그래도 이 책이 제시하는 화두가
관련된 주제에 관심을 가지고 있는 창작자들에게
조사를 시작하는 좋은 출발점이 된다면 더 바랄 게 없겠습니다.

이 책은 B 씨와 C 씨처럼 다른 무술의 옛 형태에 관심 있는 분들께는
직접적인 자료가 될 수 없습니다.
그러나 복원 중인 르네상스 유럽 무술에 대한 지식이
이 분야에 흥미를 가진 분들에겐 의미가 있을 것이라고 생각합니다.

자신의 것을
제대로 이해하는
좋은 방법은

다른 것과 비교해서
공통점과 차이점을
보는 것이지요.

르네상스 유럽 무술에 대한 지식이 있다면,
검도와 펜싱이 무술로서 갖는
보편적인 특징도 알 수 있고,

저만의 고유한 특징은 무엇인지도
더 쉽게 이해할 수 있을 겁니다.

마지막으로 가장 중요한 주의 사항이 있습니다!

이 책은 르네상스 유럽 무술을 수련하고 싶은 사람들을 위한
교본이 아닙니다.

교본이라면
애초에 이런 식으로
구성하지도 않았어!

이 책을 보고
따라 하지
맙시다!

무술에 입문할 때는
반드시 좋은 스승을
찾으세요!

무술은 절대
독학할 수 없다!

피오레 사범님처럼
맨손 싸움부터
차근차근 다뤘겠지!

멋대로 따라 하다
일어나는 사고에는
아무도 책임지지 않습니다.

사라진 무술을 복원하기

여기 과거인들이 사용하던 도구가 있습니다.

현대의 검과 펜싱 시합에 사용하는 도구와 닮았지만,
완전히 똑같지는 않아 보입니다.
아마 사용법도 그럴 것입니다.

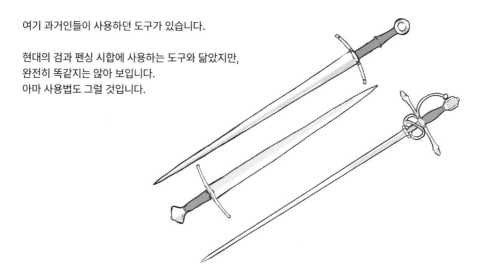

이 도구를 사용하는 방법을 교육할 수 있었던
사범들은 수백 년 전에 모두 사라졌습니다.

수많은 사범이
이 도구를 사용해서 싸우는 방법을
그림과 책으로 남겼지만,
지도자 없이 강의 노트만 가지고
새로운 지식과 기술을 익히는 일은
매우 어렵습니다.

과연 우리는 이 도구를 올바르게 쓰는 방법을
재현할 수 있을까요?

과거에 사라진 것을 되살리는 일은 끝없는 혼돈처럼 보입니다.

20세기 초

두 발로 똑바로 선
거대 도마뱀
- 후손 없이 멸종함
- 둔하고 멍청함

21 세기

- 앞뒤로 길게 뻗은 몸
- 새의 조상
- 활발하고 민첩함

어제까지 사실이라고 믿고 있었던 것은
어느 날 갑자기 허무하게 무너지고
새로운 학설이 사실의 지위를 가져갑니다.

〈20세기 중세 검술에 대한 연구〉　　〈21세기의 연구〉

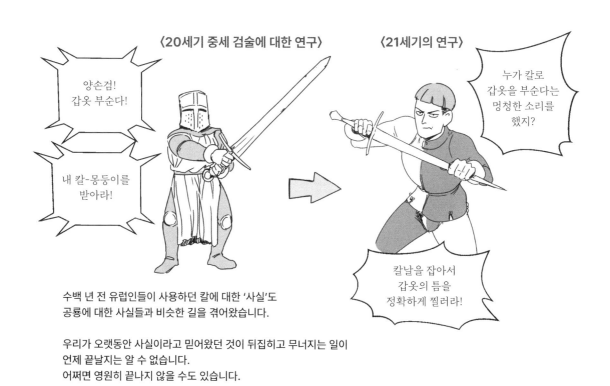

양손검!
갑옷 부순다!

내 칼-몽둥이를
받아라!

누가 칼로
갑옷을 부순다는
멍청한 소리를
했지?

칼날을 잡아서
갑옷의 틈을
정확하게 찔러라!

수백 년 전 유럽인들이 사용하던 칼에 대한 '사실'도
공룡에 대한 사실들과 비슷한 길을 겪어왔습니다.

우리가 오랫동안 사실이라고 믿어왔던 것이 뒤집히고 무너지는 일이
언제 끝날지는 알 수 없습니다.
어쩌면 영원히 끝나지 않을 수도 있습니다.

하지만 사라진 것을 다시 복원하려는 시도가 마냥 절망적이지는 않습니다.
어쨌든 우리에게는 사라진 것들에 대한 단서가 많고,
지식과 기술이 쌓이면 쌓일수록 그 단서는 더 많아질 것이 분명합니다.

이거 다 분류하면
논문 쓰고
졸업할 수 있겠지?

이거 붙잡고 있는
동안은 텐트에서
자지 않아도
되겠지….

직접 남아 있는 당대의 유물과
흔적 들은 무엇보다 중요한
단서입니다.

아무리 훌륭한 가설과 이론을 세워도
그것을 반박하는 1차 단서가 나타나면
그 추론을 그대로 유지할 수 없습니다.

직접적인 단서만으로 알기 힘든 부분은
현대까지 살아남은 비슷한 것들을 통해
간접적으로 추론하는 방법도 있습니다.

덩치가 비슷하다.

전승이 끊기지 않고
살아남은 칼싸움이다.

직계 후손이다.

다양한 분야의 전문가들이 협업해서 단서를 분석하고
가장 타당한 가설을 만들어 검증합니다.

유물을 수집해서
분류하고 있습니다.

나는 옛 도구들을
재현하는 대장장이!

화석이 나온
지층의 연대를
조사하고 있습니다.

현생 동물의 생태를
전문적으로
연구하고 있습니다.

고문서를 해독하는
언어 전문가입니다.

몸을 써서
재현하는
무술가입니다.

화석으로
시뮬레이션을 만드는
엔지니어입니다.

화석에 남은
질병의 흔적을
조사하고 있어요.

협업과 축적된 지식, 점점 발달하는 기술은
단서들을 더욱 정교히 분석할 수 있게 해줍니다.
덕분에 과거에 대한 이해는
나날이 깊어지고 있습니다.

이대로 쭉 이어진다면
사라진 것을 복원하는 일도
순조롭게 가능하지 않을까요?

디테일 vs 맥락

옛 무술을 복원하기 위해 사료를 검토하다 보면 여러 디테일이 서로 충돌하는 것을 발견하게 됩니다.

특정한 동작에 대한 묘사부터
방어, 싸움에서의 속임수에 대한 관점까지
옛 무술서에 남아 있는 모순적인 서술들은
현대의 복원가들에게 혼란을 주기 쉽습니다.

많은 재현자가 서로 충돌하는 디테일에 혼란을 느낍니다.
이럴 때는 더 큰 맥락으로 되돌아가는 것이 도움이 됩니다.

중세 그림에 오류가 많아서 그래!

기술 예제의 얼핏 모순적인 디테일에 매달리다 보면

경기용 프로텍터 벗기 싫다고 저런 무리수를....

으으..

사범들이 헷갈려서 잘못 썼을 수도 있지!!

이렇게 자기 합리화의 어둠에 빠지기도 합니다.

아무튼 나는 잘못 없음!!

사료의 맥락을 오독한 것이 아니라
사료 자체에 오류가 있는 것이라고 주장하려면
더 엄밀한 증명 과정이 필요합니다.
사실 서문이 제시하는 맥락을 통해 이해하면
혼란스러운 디테일들은 대부분 명료하게 정리됩니다.

온 힘을 다해 정직하게 후려라.

(쓸 수 있는 상황에선) 속임수가 필요하다.

쏘옥

(그래야 기술 예제에 소개하는 이후 상황들이 나온다.)

(곧바로 상대를 공격할 수 있는 상황에서) 속임수를 쓰지 마라.

(상대의 공격에 적절하게 받아치지 않고 막기만 하는 나쁜) 방어를 하면 죽는다.

(상대의 공격에 적절하게 반격하는 훌륭한) 방어를 통해 몸을 지켜라.

무술책 구성 바깥의 맥락도 중요합니다.
무술서를 작성한 사범들은 자신이 속한 문화권과 지적 전통,
익숙한 경험을 녹여 무술을 설명했습니다.

아리스토텔레스의
논리학에서
대비에 대한 구절
다들 읽어봤지?

서로 다른 것이
붙어 있어야
선명하게 드러난다고.

어, 혹시
음양과 태극
얘기하세요?

저자가 공유하고 있는
지적 전통, 문화에 따라
달라지는 표현법

한코 되브링어

무술도 이와 같다.

철문(porta di ferro)
이라고 하면 뭔지
찰떡같이 알아듣지?

끼기기기

그 돋보기
내려놓으니까
좀 낫죠?

부분만 봐서는
전체의 유기적인 연결을
파악하기 힘들어요.

와,
유럽식 성문!

레고 캐슬
시리즈에
있던 거다!

기술을 많이 외운다고
무술이 되는 게
아닙니다.

그것을 이해하고
설명했던 틀까지
같이 살펴봐야

고전 무술의
본 모습을 짐작하고
복원할 수 있을 겁니다.

⚜ 물체 베기

바위나 철을 검으로 깔끔하게 베는 신들린 기술!
이야기 속에 등장하는 검의 달인이 가진 이미지입니다.
검을 사용해서 어떤 물체를 베는 퍼포먼스는
검술 수련자들이 대중에게 선보일 수 있는 기술 중
숙련도를 가장 직관적으로 보여주는 종목입니다.

또 시시한 것을 베었군….

짚단 Level. 1

후후…
겨우 그것이 당신의 '베기'입니까?

게임 〈다크소울〉의
첫 번째 보스를
상대하는 느낌이야.

적당히
단단한 물체라면
잘 자를 자신이
있는데….

실제로 해보면
물체를 잘 베는 것이 상당히 어렵습니다.
특히 짚단같이 부드러운 물체는
서양식 장검으로 깔끔하게 베기가
의외로 힘듭니다.

당연한 말이지만 물체 베기를 잘하려면
검을 다루는 솜씨가 매우 뛰어나야 합니다.

충격을 흡수하는 부드러운 물체까지 베고 지나갈 수 있을 정도로 정확한 베기 기술은
후리기를 강하게 만들어 싸움을 유리하게 하는 중요한 기본기입니다.

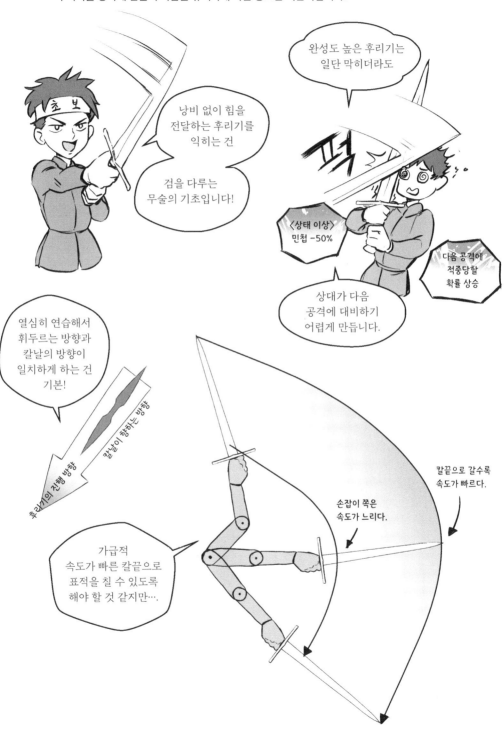

완성도 높은 후리기는
일단 막히더라도

낭비 없이 힘을
전달하는 후리기를
익히는 건

검을 다루는
무술의 기초입니다!

〈상태 이상〉
민첩 -50%

다음 공격에
적중당할
확률 상승

상대가 다음
공격에 대비하기
어렵게 만듭니다.

열심히 연습해서
휘두르는 방향과
칼날의 방향이
일치하게 하는 건
기본!

칼날이 향하는 방향

후리기의 진행 방향

칼끝으로 갈수록
속도가 빠르다.

손잡이 쪽은
속도가 느리다.

가급적
속도가 빠른 칼끝으로
표적을 칠 수 있도록
해야 할 것 같지만….

칼날이 얇고 가벼운 유럽식 검은
COP(center of percussion, 타격중심)라는
요소도 같이 신경 써야 합니다.

헐….
왜 저렇게 출렁거려?
불량품 아냐??

칼끝으로 쳤더니
날각이 틀어졌잖아?!

일본도는
검신이 두꺼운 편이라
충격받았을 때
출렁거리는 정도가 덜하다.

COP는 충격을 줬을 때 물체의 진동이 최소화되는 지점입니다.
여기서 먼 곳으로 물체를 맞출 경우
진동으로 날각이 틀어져 베기에 실패하기 쉽습니다.

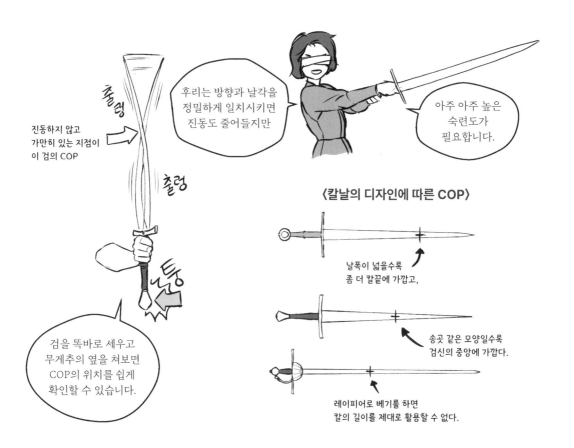

진동하지 않고
가만히 있는 지점이
이 검의 COP

출렁

출렁

후리는 방향과 날각을
정밀하게 일치시키면
진동도 줄어들지만

아주 아주 높은
숙련도가
필요합니다.

검을 똑바로 세우고
무게추의 옆을 쳐보면
COP의 위치를 쉽게
확인할 수 있습니다.

〈칼날의 디자인에 따른 COP〉

날폭이 넓을수록
좀 더 칼끝에 가깝고,

송곳 같은 모양일수록
검신의 중앙에 가깝다.

레이피어로 베기를 하면
칼의 길이를 제대로 활용할 수 없다.

그러나 숙련도와 관계없이 검으로 벨 수 있는 물체에는 한계가 있습니다.
능숙하게 날과 후리기를 정렬시키고 COP를 활용하는 사람이라 해도요.

강철로 만든 검을 사람의 힘으로 휘둘러 물체를 베려면
목표물은 철보다 부드러운 물질로 한정됩니다.

〈절단 가능한 물체〉

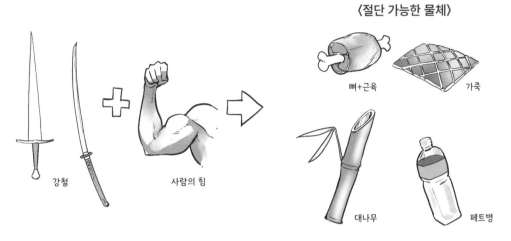

강철　　　　　사람의 힘

뼈+근육　　　가죽

대나무　　　페트병

즉 서양식 장검을 들고
COP에서 한참 떨어진 칼끝을 활용해
짚단을 깔끔히 베어버릴 수 있을 정도로 숙련된 검객도
판금 갑옷을 베는 것은 불가능합니다.

이런 건 지어낸
이야기에서만
가능하다는 걸
잊지 마!

현실에선 칼에
마법이나 기를
담을 수 없으니까!

이거라면 갑옷도
벨 수 있지 않을까?

물체 베기를 깊게 파고들면 싸움을 잘하는 요령과 차이가 있습니다.

- 정지된 물체
- 휘두르는 중간에 궤도가 뒤틀리지 않도록
유지하는 통제력을 요구
- 기계 같은 정교함이 필요

- 움직이면서 나를 위협하는 상대
- 적절한 방어 기술을 꺼낼 상황 판단력
- 정교한 칼놀림은 상대적으로 덜 중요함

물체 베기에서는 대상을 깔끔하게 절단하는 퍼포먼스가 중요하지만,
싸움에서는 상대를 제압하는 것이 더 중요한 목표가 됩니다.

찌르기는 뼈와 살을 손쉽게 꿰뚫는다.

베기는 깔끔하게 절단하지
못하는 경우에도
상대에게 큰 부상을 입혀
움직임을 막는다.

칼을 대고 세게 눌러 저미면
상처는 작아도 무척 고통스럽다.

그래서 검으로 싸우는 데 숙달된 사람이
물체 베기의 화려한 퍼포먼스에 서툴더라도 이상한 일은 아닙니다.

우와…

당연하지.
연습을 따로 해야
잘할 거 아냐?

난 저런 거 못함.

현대에는 진검으로 싸울 일이 없고, 있어서도 안 됩니다.
그러한 배경에 힘입어 싸움에 적합한 전통적인 도검뿐만 아니라
물체 베기를 위해 디자인된 칼도 많이 만들어집니다.

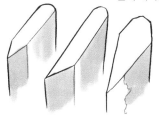

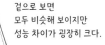

겉으로 보면
모두 비슷해 보이지만
성능 차이가 굉장히 크다.

〈전통적인 칼의 단면〉
두껍게 만들어서 튼튼하지만 칼날의
각이 둔해지고
중간에 걸리는 부분이 많아서
물체 베기에 불리합니다.

〈물체 베기용 칼(삼각도)의 단면〉
칼날의 각이 예리하고 섬세해서
물체 베기에 매우 적합합니다.
그러나 작은 실수에도 날이 손상되니
매우 높은 숙련도를 요구합니다.

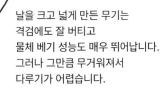

날을 크고 넓게 만든 무기는
격검에도 잘 버티고
물체 베기 성능도 매우 뛰어납니다.
그러나 그만큼 무거워져서
다루기가 어렵습니다.

⚔ 작고 간결한 동작의 베기

실제 싸움에 사용하는 베기 동작들 중에는 화끈한 일도양단이 아니라
상대를 무력화하는 것에 목표를 두고 있는 동작이 많습니다.

〈현대 검도의 작은머리치기〉
팔 전체를 사용하는 큰머리와 달리
주로 손목의 스냅을 사용해서
간결하게 베기에 필요한 궤적을 만듭니다.

〈장검의 뒷날을 사용해 헤집기〉
상대와 칼을 엮어놓은 상태로
간결하게 베거나 찌를 수 있습니다.

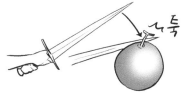

이것은 칼을
그저 가져다 대는
수준이지만,

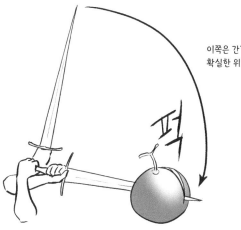

이쪽은 간결하지만
확실한 위력이 있다.

이런 작고 빠른 동작들은 어쩐지
위력이 미덥지 못해 보이기도 합니다.
그러나 동작을 자세히 살펴보면
스냅을 효과적으로 활용해서
검을 가속하는 데 필요한 궤적을 만들어냅니다.

짚단같이 부드럽고 까다로운 물체를 베는 데는 거의 쓸모가 없지만
자신을 방어하면서 상대를 무력화할 만한 부상을 입히는 데는
충분한 기술들입니다.

〈결론〉
물체 베기는 검술의 전부가 아니고 자신을 지키는 유형의 기술도 아닙니다.
그러나 역사적 디자인의 칼이 어떤 일을 할 수 있는지 한눈에 보여주고
수련자에게 칼을 다룰 때의 집중력과 통제력을 길러주는 좋은 수련 수단입니다.
하지만 이 책에서 주로 다룰 중세-르네상스 검술의 1차 사료들은
물체 베기를 따로 연습해야 할 과제로 다루지 않습니다.
그래서 이 책에서도 이 주제에 대해 따로 더 깊게 다루지는 못할 것입니다.

사람들을 즐겁게 해줄 수 있는
퍼포먼스라는 것도 큰 장점!

⚜ 발도술

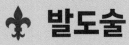

검투를 다룬 애니메이션이나 만화에서
장르 공식으로 등장하는 기술이 있습니다.

상대와 열심히 싸우던 인물이
갑자기 칼을 칼집에 도로 집어넣습니다.

시시한 싸움은
끝이다!

너무 강력해서
방어할 수 없군요!

그리고…
칼집에서 검을 뽑아내는 동시에
적을 단번에 쓰러트립니다!

이것이 일반적으로 이야기 속에서
묘사되는 발도술이라는 기술입니다.

이야기 속에서는 베기의 속도와 위력을 강화하기 위해 발도술을 쓰는 것으로 묘사하곤 합니다.

〈만화 세계의 물리학〉

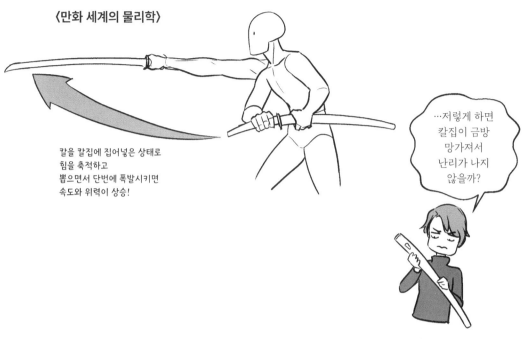

칼을 칼집에 집어넣은 상태로
힘을 축적하고
뽑으면서 단번에 폭발시키면
속도와 위력이 상승!

…저렇게 하면
칼집이 금방
망가져서
난리가 나지
않을까?

그러나 현실에서는 저런 신비한 기술을 쓸 수 없습니다.

검으로 할 수 있는 가장 빠르고 강력한 베기는
제대로 자세를 잡은 다음 위에서 아래로 내려베는 것입니다.

사람의 신체 구조,
중력의 법칙 등등을
생각하면

이게 가장 빠르고
강할 수밖에 없어요.

신비의 마법이나
기를 쓰지 않는 이상….

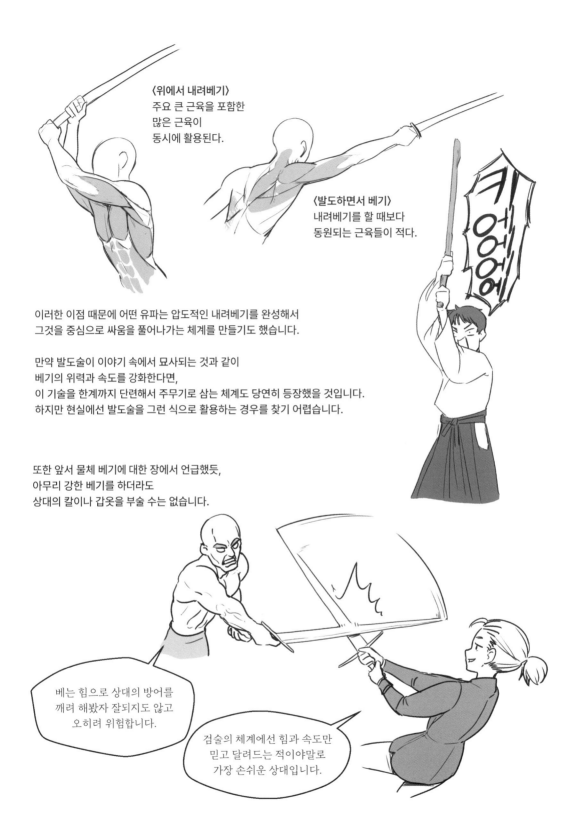

〈위에서 내려베기〉
주요 큰 근육을 포함한
많은 근육이
동시에 활용된다.

〈발도하면서 베기〉
내려베기를 할 때보다
동원되는 근육들이 적다.

이러한 이점 때문에 어떤 유파는 압도적인 내려베기를 완성해서
그것을 중심으로 싸움을 풀어나가는 체계를 만들기도 했습니다.

만약 발도술이 이야기 속에서 묘사되는 것과 같이
베기의 위력과 속도를 강화한다면,
이 기술을 한계까지 단련해서 주무기로 삼는 체계도 당연히 등장했을 것입니다.
하지만 현실에선 발도술을 그런 식으로 활용하는 경우를 찾기 어렵습니다.

또한 앞서 물체 베기에 대한 장에서 언급했듯,
아무리 강한 베기를 하더라도
상대의 칼이나 갑옷을 부술 수는 없습니다.

베는 힘으로 상대의 방어를
깨려 해봤자 잘되지도 않고
오히려 위험합니다.

검술의 체계에선 힘과 속도만
믿고 달려드는 적이야말로
가장 손쉬운 상대입니다.

⚔ 발도술의 진짜 용도는?

이야기 속에 묘사되는 모습과 용도와는 다르지만
발도술은 엄연히 실제로 존재하는 기술입니다.
일본의 많은 고류무술 유파가
거합도라고 부르는 체계에서 이것을 전수하고 있습니다.

칼싸움에 임하는 사람들은 일반적으로
싸움이 벌어질 것을 예상하면
칼을 뽑아 들고 싸울 태세를 갖춥니다.

〈싸울 준비가 갖춰진 태세〉

〈싸울 준비가 갖춰지지 않은 상태〉

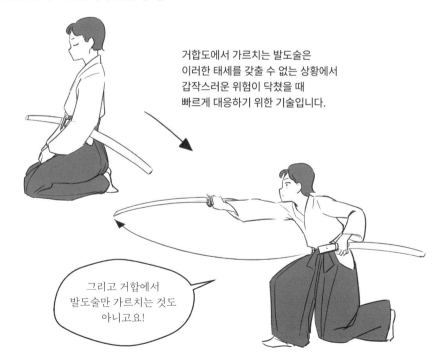

거합도에서 가르치는 발도술은
이러한 태세를 갖출 수 없는 상황에서
갑작스러운 위험이 닥쳤을 때
빠르게 대응하기 위한 기술입니다.

그리고 거합에서
발도술만 가르치는 것도
아니고요!

상대와 공격과 방어를 주고받는
다른 검술과 달리
거합도는 다양한 일상적 상황에서
빠르게 칼을 뽑고 싸울 준비를 갖추는
방법을 소개하고 있습니다.

이만한 공간에서도
칼을 뽑을 수 있습니다.

이와 가장 비슷한 개념을 찾아보자면 권총 사격술의 한 장르인 패스트 드로잉을 들 수 있을 것입니다.

〈준비된 사격 자세의 일반〉

〈빠르게 권총을 뽑아 연사하는 패스트 드로잉〉

사격의 반동을 버티면서
정확하게 조준하기 편리한
단단한 자세를 갖춘다.

이 높이에서 뽑자마자
바로 사격을 시작한다.

발도술은 실제로 존재하는 기술입니다.
검을 사용해서 특수한 상황에 대응하기 위해 고안되었지요.
그러나 영화나 만화에서 묘사하는 것같이 일반적인 싸움, 결투에 사용하기는 어렵습니다.

…너무 인상 깊었던 나머지
검술에 익숙하지 않은 많은 독자가
발도술에 대해 오해하는 부작용이
생기긴 했습니다.

몬스터, 야수를 상대하는 검술?

검을 들고 용 같은 괴수를 상대하는 전사의 모습은
각종 설화와 판타지 장르의 오랜 전통입니다.

하지만 검을 들고 거대한 괴수나 짐승을
상대하는 것이 얼마나 현실성 있을까요?
현대적인 살상무기의 도움 없이 인간의 힘만으로
공룡 같은 거대한 동물에게서
살아남을 수 있을까요?

코뿔소의 체중과 덩치는
쥐라기의 대형 수각류
공룡 알로사우루스와
비슷합니다!

공룡이나 용 같은 거대 괴수는
오늘날 존재하지 않지만
의외로 참고할 만한 대상이 있습니다.
인류는 선사시대부터 공룡에 필적하는
거대 동물들을 사냥해왔습니다!

사냥은 검을 들고 정면으로 싸우는 것과 전혀 다른 활동입니다.

검으로 무장한 사람은
코끼리나 코뿔소는커녕
성난 황소도 상대하기 어렵습니다.
검과 그 사용법은
이러한 활동을 위해 고안된 것이
아니기 때문입니다.

〈사람과의 투쟁을 위해 디자인된 도구〉

긴 역사 속에서 투창, 활, 도리깨, 낫 등
수많은 도구가 살상용 무기로 사용됐습니다.
그중에서 검은 사냥감이나 농작물이 아닌
사람을 대상으로 한 투쟁을 위해 고안된 도구입니다.

넓은 범위를 휩쓸며 벨 수 있는 날은
효과적으로 사람을 해칠 수 있으나
타격력이 분산되기 때문에
두꺼운 가죽을 가르기 힘들다.

사람의 신체는
검 앞에서
한없이 약하다.

숙련된 기술로
힘과 체격의 차이를
극복할 수 있지만,
그 대상은 어디까지나
인간의 힘과 체격으로 한정된다.

날을 아주 날카롭게
갈지 않아도
찌르고 벨 수 있다.

짧은 손잡이는 칼날을
재빠르게 움직이는 데는
좋지만 칼날로 잡아 누르는
힘이 약하다.

이러한 특징들로 인해, 검은 덩치가 크고 가죽이 두꺼운 야수와의 대결에서 상대적으로 비효율적입니다.

〈야수를 상대하기에 특화된 도구와 전술〉

많은 인원이
가급적 멀리서 공격할 수 있는 도구를 사용하여
예상치 못한 순간에 기습한다.

〈기병의 돌격에 맞서는 요령〉

많은 사범이 보병이 기병과 일대일로 싸울 때 대처하는 방법들을 설명했습니다.
그중 가장 위험한 상황인 돌격에 대응하는 요령은 아래와 같습니다.

기병의 돌격은 치명적인 위력을 지녔지만,
가장 치명적인 정면에서 벗어난다면
반격 기회도 잡을 수 있었습니다.

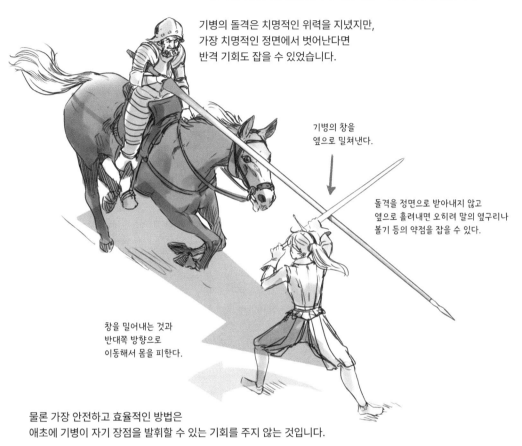

기병의 창을
옆으로 밀쳐낸다.

돌격을 정면으로 받아내지 않고
옆으로 흘려내면 오히려 말의 옆구리나
볼기 등의 약점을 잡을 수 있다.

창을 밀어내는 것과
반대쪽 방향으로
이동해서 몸을 피한다.

물론 가장 안전하고 효율적인 방법은
애초에 기병이 자기 장점을 발휘할 수 있는 기회를 주지 않는 것입니다.

일부러 위험을 자초하지 않고 피하는 것이 언제나 최고의 호신술입니다.

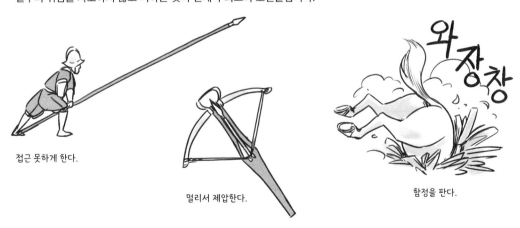

접근 못하게 한다.

멀리서 제압한다.

와장창

함정을 판다.

그러나 이런 결론은 너무 재미가 없습니다.
검으로 위험한 괴수, 강력한 야수와 결투하는 전사는 정말로 전혀 말도 안 되는 설정일까요?
기술과 재치로 신체 능력의 차이를 극복하는 것이 진지한 싸움을 다루는 무술의 지향점입니다.

'강함과 약함'은 신체 능력이나 기세의 차이가 큰 상대와 겨룰 때 이해해야 하는 중요한 원리입니다.
뒤에 검술 실기를 설명할 때 좀 더 자세히 살피겠지만,
이것은 많은 무술이 공통적으로 다루는 원리이며 르네상스 시대의 무술도 예외가 아닙니다.

강한 힘에 똑같이
힘으로 맞받아치는 경우,
두 사람이 서로 완력을
정면으로 부딪치면

언제나 힘이 좀 더 약한 쪽이 불리하고,
서로 힘이 비슷하다면
양쪽 모두 극심한 소모를 겪어야 합니다.

힘을 강하게 줄수록
몸은 뻣뻣해지고
관성은 커져서

강하게 밀고 들어오는 상대를
힘으로 맞서지 않고
약하게 흘려내버리면,
오히려 강한 힘으로 누르려던 쪽이
균형을 잃고 약점을 노출합니다.

상황 변화에 대처하기
힘들어집니다.

힘으로 따지면 나도
충분히 야수 축에
들거든요?

이 원리는 기본적으로
사람과 사람이 겨룰 때를 설명하지만
르네상스 시대의 싸움책은
이것을 보병과 기병이 정면으로 맞서는
상황에 응용해 설명하기도 했습니다.

힘의 단위
마력(馬力) 몰라?

창작물에서는 반대로 이런 비효율성과 위험 때문에
검으로 야수와 괴물에게 도전하는 캐릭터의 초인적인 능력과 영웅성이 강조됩니다.
창작의 세계에서는 언제나 사실성보다는 효과적인 표현이 더 중요합니다.

어… 그 칼이랑 검술은
내가 아니라
사람을 상대로
써야 하는 거 아니냐?

몬스터를 사냥하는 콘셉트로 유명한
모 게임 시리즈의 화려한 모션은
사람을 상대로 한 동작을
모티브로 하여 구성되었다.

뭐래?
데미지 잘만
박히는데?

아무리 그래도
현실에서는 검 들고
사냥하기를
따라 하지 맙시다.

아니… 그 전에
야생동물을
보호합시다.

연습과 실전 사이

무술은 싸움을 위한 기술입니다.
어떤 때는 무용처럼 절도 있고 우아한 기술이
사람들의 눈길을 사로잡고
때로는 건강을 위한 운동으로서의 기능이
주목받기도 하지만,
무술의 시작은 본래 폭력으로 상대를 제압하고
상해를 입히고 때로는 목숨을 위협하기 위해
익히는 실용적인 기술이었습니다.

체계화된 폭력인 무술은 다른 모든 복잡한 기술과
마찬가지로 훈련에 상당한 시간이 필요합니다.

또한 무술은 폭력이라는 수단을 통해
타인과 상호작용하는 기술입니다.
즉 제대로 된 형태를 익히기 위해선
반드시 같이 훈련할 수 있는 동료가 필요합니다.

따라서 모든 진지한 무술은
오랫동안 훈련하면서도
파트너를 안전하게 보호해야 한다는 과제를
해결해야 합니다.

vanitas vanitas
omnia vanitas….

🗡 무술에서 가정하는 실전이란?

인터넷 커뮤니티, SNS 등에서 실전에 대한 얘기가
진지한 토론으로 이어지지 않고 소모적인 논쟁으로 번지는 주요 원인은
사람들이 가진 실전에 대한 개념이 저마다 다르기 때문입니다.

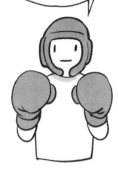

어떤 사람들은 스파링을 통해 실전성을 검증할 수 있다고 생각합니다.

반면 링 위의 스파링이 아닌 길거리 싸움이 실전이라고 보는 사람도 있고

누군가에겐 위기 상황에서의 호신술이 진정한 실전에 부합하는 개념입니다.

혹은 아예 서로 마주 보는 싸움의 범위를 넘어서는 개념을 생각하는 사람도 있습니다.

모든 무술은 그 체계가 가정하는 '실제 상황'이 있습니다.
검도나 르네상스 무술 같은
고전 무술이 대비하는 실제 상황은
상대와 목숨을 걸고 싸우는
이른바 '진지한 싸움'입니다.

이 장에서 사용하는 '실전'이라는 말은
바로 이런 진지한 싸움을 가리킵니다.

무술의 대련, 시합은 실전이 아니라 실전에 대비한 연습의 일부입니다.

평상복 차림의 결투

갑옷으로 무장한 결투

전쟁터, 난투 같은 혼란스러운 상황의 싸움

그리고 이 진지한 싸움의 범위에는 서로 다른 다양한 상황이 포함됩니다.
옛 사범들은 각 상황에 맞는 대응법을 구분해서 설명했습니다.

⚔ 연습을 실전같이, 실전을 연습같이?

어떠한 분야든 연습할 때 마치 실전을 치르듯
진지한 태도로 임한다면 대충 하는 것보다
실력이 훨씬 빠르게 향상됩니다.

무술을 직접 경험해보지 않은 창작자들도
실전 같은 연습의 중요성을 알고 있습니다.
많은 이야기 속에 거친 실전에 단련된 전사가
안전하게 훈련한 경쟁자들을 압도하는 전개가 등장합니다.

그러나 대학 입시, 육상, 체조 같은 종목과 달리
무술이 준비하는 실전이란
상대를 효과적으로 제압하고
다치게 하는 것입니다!

실전 같은 훈련!

그러나 안전에 대한 고려 없이
무조건 실전 같은 연습 타령만 한다면,
무술을 연습하는 사람들은
병원 다니느라 수련을 못하거나
당장 다치지 않을 방법들을 찾기에 급급하여 기량을
더 높은 수준으로 끌어올리기 어렵게 될 것입니다.

이러한 이유로 진지한 무술들은
수련자를 보호하기 위한 훈련용 규칙과
예절을 갖고 있습니다.
이 규칙과 예절은 훈련 과정을
목숨을 건 실전(진지한 싸움)과는
상당히 다른 모습으로 만듭니다.

가까운 예시로 레슬링이 있습니다.
레슬링은 맨손으로 상대를 빠르게 살상할 수 있는
매우 치명적인 무술입니다.

레슬링은 안전한 수련을 위해
모래판이나 매트 같은 연습장을
타 무술의 보호구 대신 활용합니다.

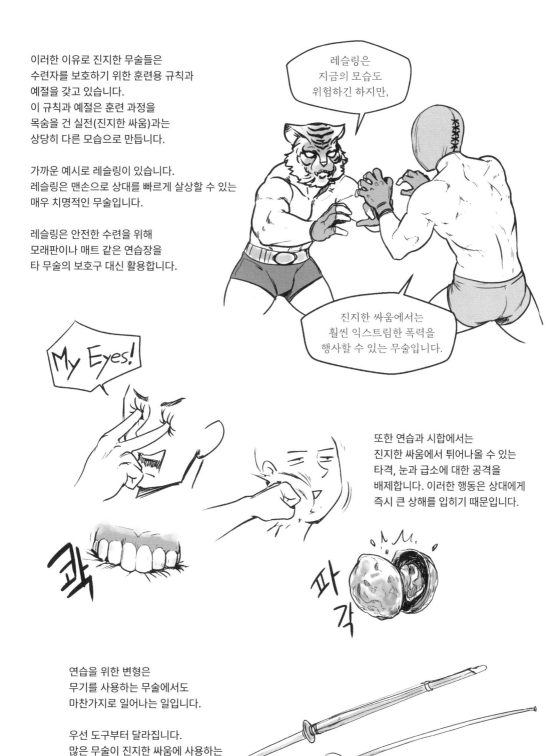

레슬링은
지금의 모습도
위험하긴 하지만,

진지한 싸움에서는
훨씬 익스트림한 폭력을
행사할 수 있는 무술입니다.

My Eyes!

또한 연습과 시합에서는
진지한 싸움에서 튀어나올 수 있는
타격, 눈과 급소에 대한 공격을
배제합니다. 이러한 행동은 상대에게
즉시 큰 상해를 입히기 때문입니다.

연습을 위한 변형은
무기를 사용하는 무술에서도
마찬가지로 일어나는 일입니다.

우선 도구부터 달라집니다.
많은 무술이 진지한 싸움에 사용하는
무기와 연습할 때 사용하는 도구를
구분하고 있습니다.

하지만 연습용 도구를 쓰는 것만으로 충분할까요?

다른 곳을 찔러도 물론 죽겠지만

대련은 이기려고 하는 게 아니야.

연습할 땐 목만 찔러라.

고통을 주고 빡치게 만들려고 하는 거지!

비매너 도끼칼 금지!!

검도 훈련 시 찌르기는 정확히 호면목가림만 노릴 것!

안전한 연습을 위해 찌르기 같은 공격 목표를 제한하거나 무의미한 경쟁심을 자극하고 부상을 유발하는 무례한 행동을 금지하는 조치도 필요합니다.
연습용 도구로도 얼마든지 큰 부상을 입힐 수 있기 때문입니다.

그러나 수련 과정에 필요한 안전 수칙들이 그 무술이 실전에서 힘을 발휘하지 못할 것이라는 오해를 부르기도 합니다.

레슬링은 결국 힘세면 그만 아닌가?

진짜 그렇게 싸웠을까? 싸움에 규칙이 어딨어?

칼 들고 싸우는데 자세 잡을 정신이 있겠어?

뭐 인마?

뭐 인마?!

지금보다 폭력이 일상적이었던 시대의 사람들도 이러한 괴리에 대해 잘 알고 있었습니다.

눈 찌르기,
X알 잡기 금지.

차라리 그냥 손을
묶고 싸우자고 하지?

진지한 싸움에선
완력의 차이를
극복할 수 있지만

연습이나
시합에선 항상
힘센 사람이
유리하다.

타격, 급소 노리기같이 즉시 부상을 유발하는 위험한 동작은
진지하게 싸우는 상황에서 굉장히 중요합니다.

부상 위협은 상대에게 그 상황에서 벗어나는 대응 행동을 강요합니다.
레슬링의 다양한 기술들은 그렇게 만들어진 기회를 활용하도록 짜여 있습니다.

피에트로 몬티
(Pedro Monte, Pietro Monti
1457~1509)
스페인, 이탈리아의 무술 사범, 용병

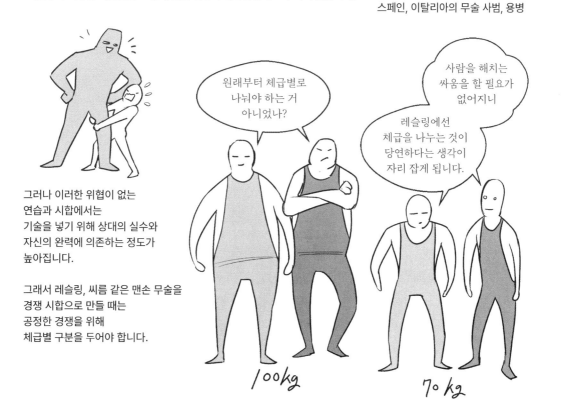

그러나 이러한 위협이 없는
연습과 시합에서는
기술을 넣기 위해 상대의 실수와
자신의 완력에 의존하는 정도가
높아집니다.

그래서 레슬링, 씨름 같은 맨손 무술을
경쟁 시합으로 만들 때는
공정한 경쟁을 위해
체급별 구분을 두어야 합니다.

원래부터 체급별로
나눠야 하는 거
아니었나?

사람을 해치는
싸움을 할 필요가
없어지니

레슬링에선
체급을 나누는 것이
당연하다는 생각이
자리 잡게 됩니다.

100kg

70kg

무기, 특히 검을 사용하는 기술을 스포츠화할 때나
그것을 익히기 위해 연습할 때는 체급별로 구분을 둘 필요가 사라집니다.
사용하는 도구가 상대에게 즉시 치명상을 입힐 수 있다고 전제하기 때문에
상대는 연습 상황에서도 항상 그것이 주는 위협을 의식합니다.
마치 맨손 무술의 반칙기처럼요.

타격 직전에 멈추기

속도와 기세를 죽이고,
찌르기 직전에 멈출 것

하지만 실제 같은 기세와 속도를 살려서 상대를 쳐서는 안 되며
부상 위험이 높은 동작들이 제한된다는 점은 맨손 무술과 마찬가지입니다.

무술을 겪어보지 않은 사람들이나 이제 막 수련을 시작한 사람들은 이러한 제한들에 혼란을 느끼기 쉽습니다.
이 단계에서는 여러 가지 규칙들 중 무엇이 실전을 위한 것이고
무엇이 연습을 위한 것인지 구분하기가 어렵습니다.

실전을 겪어본 사범들은 제자들에게
이에 대해 적절한 가이드를 제공할 수 있었겠지만,
현대에는 그런 경험을 가진 사람이 없고,
가이드의 의의도 퇴색했습니다.

플뢰레 경기는
왜 공격권과 방어권을
구분해서 싸우나요?

목만 찌르는 건
실전에서도
중요한 이유가
있겠죠?

진지한 싸움을 해본
나 같은 사범이
지도해주지 않으면

학생들은
연습을 위한 규칙과
진짜 싸움의 기술을
구분하지 못한다네.

고전 검술이 교습되던 시대에는 현대와 같은 재료공학 기술이 부족했습니다.
어쩌면 현대의 기술적 성취가 옛사람들이 하지 못한 '실전 같은 연습'을 가능하게 해줄지도 모릅니다.

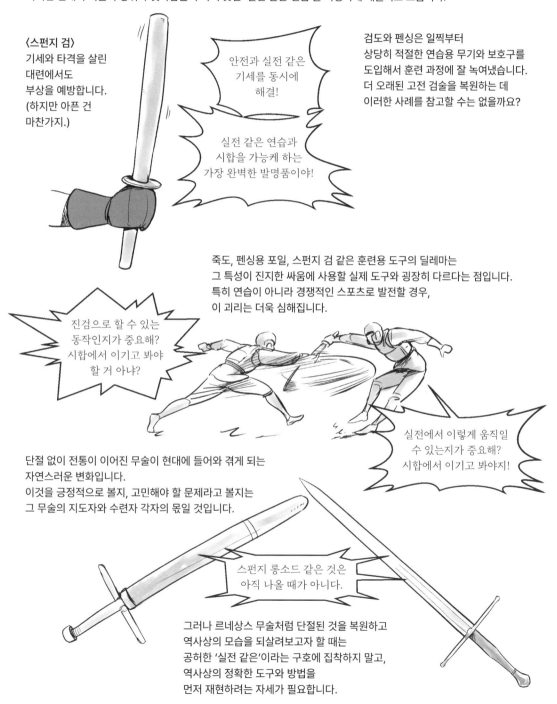

〈스펀지 검〉
기세와 타격을 살린
대련에서도
부상을 예방합니다.
(하지만 아픈 건
마찬가지.)

안전과 실전 같은
기세를 동시에
해결!

검도와 펜싱은 일찍부터
상당히 적절한 연습용 무기와 보호구를
도입해서 훈련 과정에 잘 녹여냈습니다.
더 오래된 고전 검술을 복원하는 데
이러한 사례를 참고할 수는 없을까요?

실전 같은 연습과
시합을 가능케 하는
가장 완벽한 발명품이야!

죽도, 펜싱용 포일, 스펀지 검 같은 훈련용 도구의 딜레마는
그 특성이 진지한 싸움에 사용할 실제 도구와 굉장히 다르다는 점입니다.
특히 연습이 아니라 경쟁적인 스포츠로 발전할 경우,
이 괴리는 더욱 심해집니다.

진검으로 할 수 있는
동작인지가 중요해?
시합에서 이기고 봐야
할 거 아냐?

실전에서 이렇게 움직일
수 있는지가 중요해?
시합에서 이기고 봐야지!

단절 없이 전통이 이어진 무술이 현대에 들어와 겪게 되는
자연스러운 변화입니다.
이것을 긍정적으로 볼지, 고민해야 할 문제라고 볼지는
그 무술의 지도자와 수련자 각자의 몫일 것입니다.

스펀지 롱소드 같은 것은
아직 나올 때가 아니다.

그러나 르네상스 무술처럼 단절된 것을 복원하고
역사상의 모습을 되살려보고자 할 때는
공허한 '실전 같은'이라는 구호에 집착하지 말고,
역사상의 정확한 도구와 방법을
먼저 재현하려는 자세가 필요합니다.

⚜ 극한의 단련

극한의 자기 단련은 무협 장르나 배틀물에 자주 나오는 연출입니다.
가히 초자연적으로까지 보이는 가혹한 단련법은
고전 무술을 다루는 다큐멘터리에도 이따금 소개되곤 합니다.

뜨겁게 달군 모래로
손끝을 단련한다!

저, 잘못
들어온 것 같아요.

타격을 견디는
금강불괴의 신체를!

초월적인 신체 단련은 무술에 대한
신비로운 이미지를 구성하는
또 하나의 축입니다.

반대로 실용적인 사고에 익숙한
현대인들이 싸우는 기술로서의 무술에
의문을 품게 만드는 요소이기도 합니다.

쩐다! 저게
최강 무공의
비결이지!

사람 손이 쇠야?
저런다고
단단해져?

믿음이
부족한 자야!

반복적으로 신체에 충격을 주는 단련은
미세한 부상을 누적시켜 뼈 등의 조직 변형을 유도합니다.

오래 단련하여
뼈대를 변형시키면
강력한 타격을
소화할 수 있다.

손의 뼈들은
작고 연약해서 타격 시
부상당하기 쉽다.

단련된 손은 그렇지 않은 손과 비교하면
무시무시한 파괴력을 발휘하는 무기가 되지만,
단련 중 부상이나 만성적인 통증의 원인이 되기도 합니다.

그러나 신체 변형을 의도하는 단련은
목표 달성까지 지나치게 긴 시간이
필요합니다.

당장 적용 가능한 싸움 기술을 익히기에는
어려운 방법입니다.

스승님, 20년을
단련했으니 슬슬
원수를 갚으러
하산하겠습니다.

안 돼.

너의 무공은 여전히
미완성이니라.

무술 수련 과정으로 묘사되는 다양하고 기묘한 단련법들은 특히 무협영화 장르에 특유의 재미를 부여하는 클리셰로 오랫동안 사랑받았습니다.

그러나 남아 있는 고전 무술 수련 과정이 반드시 서커스 같은 훈련이나, 오랜 시간을 투자하는 신체 단련을 요구하지는 않습니다.

심폐 지구력 단련!

실제 남아 있는 무술책에 나오는 신체 단련법은 대부분 지금도 그 의도를 이해할 수 있거나 현대에도 활용되는 합리적인 것들입니다.

코어 근육과 전신의 프레임 강화!

순발력과 협응력 단련!

그러나 지나치게 오랜 시간이 걸리거나 서커스처럼 보이는 기묘하고 위험한 단련법들도
분명히 존재합니다. 옛사람들은 왜 이런 극한의 단련을 수행했을까요?

어떤 사람들은 해내기 어렵고 위험한 일에 일부러 자신을 던져 넣곤 합니다.

자신의 한계에 도전하는 고난을 통해 스스로를 초월하고자 하는 인간의 행동은
모든 시대, 모든 문화권에서 찾아볼 수 있습니다.

이러한 도전이 구체적으로 향하는 목적과 형식은 각 사회가 공유하는 세계관에 따라 다르게 표현됩니다.

〈중세 기독교 세계관〉 　　　　　〈근대 이성주의 세계관〉

육체는
죄의 근원이니
극복할
대상입니다.

그거 잘못하면
이단 된다?

이성으로
나약한 육체를 극복해서
인류가 지구의 지배자임을
보여줄 것이다.

뭐라는 거야?
쓰레기나
치우고 가라.

육체를 초월해서
주님께 더 가까이
다가갈 수 있기를!

무협의 소재로 자주 쓰이는 극한의 자기 단련은
이러한 자기 초월에 대한 선망이
무술 수련과 결합한 것이라 볼 수도 있습니다.

육체를 초월해서
비범한 무공을
얻을 수 있기를!

평범한 사람이 해내기 힘든 일에 도전하는
인간의 기이한 열정은
대단히 다양한 형태로 나타납니다.
심지어는 우리의 일상 속에서도
찾아볼 수 있지만,
이 주제를 더 깊이 파고드는 것은
이 책에서 다룰 수 있는 범위를 넘어섭니다.

퍽

퍽

퍽

화르르...

육체를 극복하는 고행을 통해 이전과 다른 차원의 존재가 될 수 있다는 관념은
현대인들의 마음속에도 강력하게 남아서 이야기와 자기계발 이론 속에서 꾸준히 모습을 드러냅니다.

사이아인은
죽음의 위기를 극복해
초사이아인으로
각성할 수 있다!

수명이 다한 솔개가
부리와 발톱을 뽑고
새 깃털을 가꾸는
고통을 극복하면

새롭고 튼튼한 부리와
발톱이 자라서
또 이전까지의 수명만큼
더 살 수 있지!

덜덜

그러면
진짜 죽어요!

※ 새의 부리와 발톱을 뽑는 것은
사람으로 치면 턱뼈와 발가락 끝마디를
제거하는 것과 같습니다.

이러한 극복과 각성의 서사는
매력적이지만 현실적인 이야기는 아닙니다.

이전보다 더 강해지고 기술을 숙련하기 위해서는
언제나 서서히 적절하게 훈련 강도를 높여야 하고,
충분한 휴식이 무엇보다 중요합니다.

규칙적이고
적절한 운동과
식이, 휴식만
지키면 된다니!

역시! 강해지겠다고
서커스를 할 필요는
없군요!

생존근력

ㅋㅋㅋ

TRAINER

회원님,
과연 그게
쉬울까요?

검을 다루기 위해서는 어느 정도의 단련이 필요한가?

간혹 픽션 속에서 검을 사용하는 캐릭터들이 보디빌더처럼 건장하고 근육이 발달한 체형으로
표현되는 경우를 볼 수 있습니다.

실제 보디빌더 출신
배우를 캐스팅한
경우도 유명합니다.

단순히 캐릭터 조형상의 선택일 수도 있지만,
검이라는 도구가 굉장히 무거워서 사용하려면 매우 강한 근력이 필요할 것이라는
선입견의 영향도 있을 것입니다.

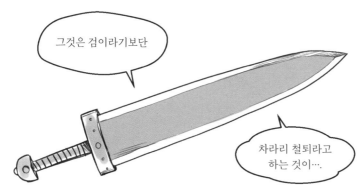

그것은 검이라기보단

차라리 철퇴라고
하는 것이….

그러나 선입견과 달리 검은 비교적 가볍고 근력을 크게 요구하지 않는 도구입니다.

…신체 활동이 많이 부족한 사람에겐 무거운데요….

한 손으로 다루는 검 세 자루의 무게가 3~4킬로그램짜리 아령과 비슷하다.

어디까지나 비교적 가볍다는 얘기죠.

드드드드

무겁고 느려도 상관없으나, 돌이나 나무를 확실히 부수고 토막낼 수 있어야 합니다.

적당한 위력만 나온다면 재빨리 공격하고 방어할 수 있는 게 더 중요합니다.

무겁고 둔중한 도구들

검은 민첩하게 움직여야 한다.

스포츠나 무술의 동작과 기술을 갈고 닦는 연습은
몸을 키우고 다듬는 보디빌딩 훈련과는 목표와 수행 방법의 측면에서 큰 차이가 있습니다.

최소한의 움직임으로
최대한의 효과를 거두는
숙련되고 경제적인 움직임!

근육을 최대한 활용해서
크고 정확한 움직임을!
그래서 최대한의 자극을!

검술 연습만
열심히 했습니다.

차근차근
중량을 높이고
식이요법에
신경 썼습니다.

검술 연습만 한다면, 운동을 안 한 것보다는 체격이 좋아지겠지만
드라마틱한 변화를 기대하기는 어렵습니다.
근육량을 늘리려면, 그 자체를 목적으로 해서
훈련, 식이, 휴식에 대한 계획을 면밀하게 짜고 수행해야 합니다.

순수하게 근력을 요구하는 정도는
검보다 활이 훨씬 심합니다.
전쟁용 장궁을 당기기 위해서는
최소 사십 킬로그램 이상의 힘이
필요했는데 이는 양손용 장검
스물일곱 자루를 한번에 들어 올릴
만한 힘입니다.

근력을 사용해서
당기고 조준하고….

갑옷까지 뚫는 활을
당기려면 어지간한 힘으로는
어림도 없습니다.

으아… 활 쏘기
배우는 건
포기할게요.

※ 입문 단계부터 저렇게
강력한 활로 시작하진 않습니다.

그렇다면 검을 다루는 데는
굳이 강한 근력을 단련할 필요가 없는 걸까요?

절대
그렇지
않습니다!

검술은 싸움을 위한 기술입니다.
신체 능력에 여유가 있을수록
당연히 싸움에 도움이 됩니다.

오래 싸우려니
지치네….

힘이 세면
무거운 갑옷도
여유롭게 입을 수
있습니다.

크고 위력 있는 무기도
쉽게 사용할 수 있으니
유리하죠.

하지만 만약 여러 가지 신체 단련을
할 여유가 충분하지 않아서
부득이하게 한 가지 요소만
집중적으로 단련해야 한다면,
오래도록 지치지 않고 싸울 수 있게
심폐 지구력을 강화하는 훈련이
더 도움이 될 것입니다.

뭐? 유산소는
근손실이라고?

칼싸움 배우는 사람이
근손실 걱정할 만큼
벌크업할 시간이
있겠어요?

창작물 속 검객의 체형은 사실성보다는 고정관념, 관습, 취향과 욕망의 영향을 많이 받습니다.

검을 잡고 휘두를 수 있는
근력과 지구력만 있으면
검술을 배울 수 있는데,

그게 가능한
체형의 범위는
굉장히 넓습니다.

그리고
앞선 장에서 설명한 대로
연습이나 시합이 아닌
진지한 싸움에서는
체형이나 신체 능력 등에
의한 격차가 더더욱 많이
사라집니다.

검도랑 펜싱에
체급 구분이 없는
이유를 생각해보시죠.

16세기 사범
요아힘 마이어는
사람들이 모두
다르게 생겼고

그래서 저마다
다른 방법으로
싸운다고 말했죠!

판타지 만화 검객이라면
이 정도로 그리면 되나?

⚜ 공평한 조건

옛 무술서들이 목숨을 건 진지한 싸움을 다루고 있는 것은 분명합니다.
명백하게 상대에게 중상을 입히는 방법에 대한 서술과
간혹 튀어나오는 유혈이 낭자한 삽화는 그 책에서 다루는 기술의 위험성을 보여줍니다.

그러나 합리적인 시각으로 보면 무술서들은 의문스러운 특징도 가지고 있습니다.

맨손에는 맨손!

진지한 싸움이라고 하지만…
왜 옛날 무술책은
양쪽이 똑같은 상황에서
싸우는 내용이 많은 거죠?

진짜 싸움이라면
한쪽이 불리하거나
유리한 상황도
있을 텐데,

이러면 꼭
스포츠 경기 같지
않나요?

장검에는 장검!

상대와 동등한 조건으로 싸우는 것은 매우 비합리적인 행동입니다.
싸우는 양쪽이 모두 상대의 반격 가능성에 노출되어 결과를 예측하기 어렵습니다.

『손자병법』은 '선승이후구전(先勝而後求戰)'이라는 말로써
이러한 불확실성을 통제하는 것이 전투의 미덕이라 설명합니다.

얼룩말에게
정면으로 덤볐다가
그만….

사냥은 뒤에서 몰래,
예상치 못한 순간에
기습하는 것이
원칙입니다.

ㅋㅋㅋ

함정이다!

선승이후구전, 즉 "먼저 이겨놓고 싸운다."
싸우기 전에 유리한 상황을 조성하는 접근법은
육식동물의 사냥이나 인간들 사이의 투쟁에서
스스로를 보호하기 위해 취하는 기본적인 방법입니다.

우르르르

칼싸움 잘하는 법
첫째!

칼을 든 친구를
잔뜩 데려온다!

그러나 개인의 입장에서 합리적이고 이익이 되는 행동 방식이 사회와 문명을 유지하는 데는 해를 끼치기도 합니다.

전근대사회는 현대에 비해 미약한 행정 능력으로 사회의 혼란을 억제하고 폭력을 조절해야 한다는 숙제를 안고 있었습니다.
하지만 동시에 잦은 전쟁에 대비해서 구성원들의 전투원으로서의 기질을 유지할 필요도 있었지요.

기습을 비열한 행동으로 취급하고 정정당당한 일대일 전투를 명예롭게 여기는 윤리관은
사회의 폭력성을 억제하는 동시에 구성원들의 전투원으로서의 자질도 배양할 수 있었습니다.

이러한 윤리관과 그에 따라붙는 문화적 요인들로 인해
르네상스 시대 유럽 사람들은 공평한 조건의 폭력 상황에 노출될 가능성이 비교적 높았습니다.

〈르네상스 시대까지 존속한 사법 결투 제도〉　　　**〈도시 안에서 휴대 가능한 무기 종류를 제한하는 법률〉**

동등한 조건을 맞춘 싸움에 대한 관심은 특히 사법 결투에서 두드러졌습니다.

〈탈호퍼, 파울루스 칼 등의 사범이 묘사한 '남성과 여성 간의 사법 결투' 양식〉

무술책에서 동등한 조건의 싸움을 많이 다루는 것은 사회·문화적인 요인 이외에도 교육과정상의 필요가 있는 것으로 보입니다.

유리한 상황이나 무기를 들고 싸울 때는 복잡한 기술이 필요 없거든요?

이런 초보자를 상대로!!

자신의 유리한 점을 살리는 것이 더 중요합니다.

싸움의 유불리가 확실한 상황에서 기량보다 이점을 잘 활용하는 재치가 요구된다면,

비숙련자가 훈련된 전사를 제압하는 것은 이런 경우죠.

동등한 조건에서의 싸움은 순간의 재치보다는 싸움의 원리에 대한 깊은 이해를 요구합니다.

하지만 같은 무기와 같은 조건에서 싸울 때는 그런 꼼수가 통하지 않아요!

내가 할 수 있는 일을 상대도 할 수 있거든요.

공평한 조건에서 살아남으려면 싸움에 필요한 거의 모든 소양에 익숙해져야 합니다.

무술서를 가리키는 '페히트부흐(Fechtbuch)'를 직역하면
검술, 무기술이 아니라 '싸움책'이라 풀이됩니다.
많은 페히트부흐가 특정 무기를 다루는 팁보다는 싸움의 전반적인 원리를 설명합니다.
이러한 무술서들은 동등한 조건에서 같은 무기로 싸우는 상황과 원리를 설명하는 데 많은 분량을 할애합니다.

사범님.
검으로 창을 상대하는
방법에 대한 설명은
왜 이렇게 간단해요?

뭔 소리야?

응용을 하라고!

중요한 내용은
그 앞에 다 설명했잖아.
아주 길게!

동등한 조건에서
싸울 때 필요한 원리를
제대로 익히면,

약간의 추가적인 요령만 가지고도
동등하지 않은 상황에서
싸우는 방법을 찾을 수 있습니다.

그래도
힘들지만….

즉 동등한 조건 아래서 싸우는 방법을 가르치는 것은 근본적인 싸움 기량을 끌어올리는 방법으로 적합합니다.

과연 기본기 없이 얍삽한 수에 의지하는 것을 네 실력이라고 할 수 있을까?!

이종 무기 대결? 물론 재밌지. 근데 그것만 하면 실력이 늘겠어?!

데생력이랑 비례 감각 팽개쳐두고 필터랑 3D만 주무르면 그림이 늘 것 같아??

교만과 분노로 인한 폭력은 인간을 신으로부터 멀어지게….

그치만, 그치만!

유혈 낭자한 폭력이 지금보다 훨씬 빈번했던 시대에 무술 사범들은 수강생들에게 살아남기 위한 원리를 효과적으로 교습하기 위해 고심해야 했습니다.

시비를 걸어 오는데 가만 있어서야 기사와 사나이의 명예를 지킬 수 없다구!

내가 가르치는 건 싸움을 피할 수 없을 때 살아남는 법이다.

동등한 싸움을 다루는 것은 중세-르네상스 시대를 살면서 피하기 힘든 결투에 대비하고
다양한 위기 상황에 대처하는 기본기를 익힐 수 있다는 실용적 의미가 있었습니다.

현대에는 싸움 기술의 실용적 의미가 없어졌지만, 동등한 조건으로 싸우는 교습 과정은
투기 종목을 스포츠화하는 데 중요한 뿌리가 되었습니다.

⚜ 검의 모습과 장점

무협, 판타지, 중세 배경의 사극 등 많은 액션물의 주인공들이 검을 상징적인 무기로 다룹니다.
이 책 또한 검을 다루는 방법을 중심으로 르네상스 무술을 소개하려고 합니다.
과연 검이라는 도구는 실제로 그렇게 널리 사용됐을까요?
만약 그랬다면 어떤 장점들 때문이었을까요?

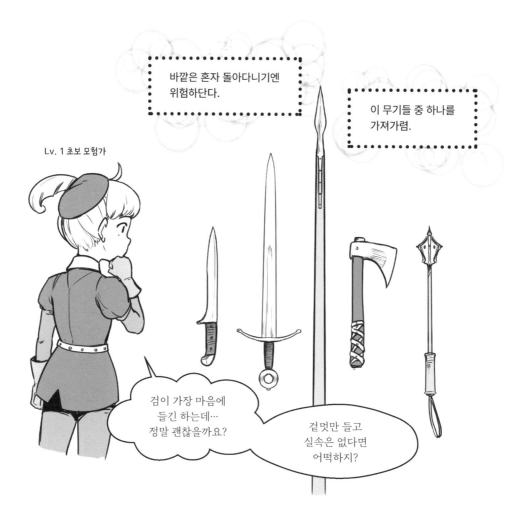

바깥은 혼자 돌아다니기엔 위험하단다.

이 무기들 중 하나를 가져가렴.

Lv. 1 초보 모험가

검이 가장 마음에 들긴 하는데…
정말 괜찮을까요?

겉멋만 들고 실속은 없다면 어떡하지?

⚔ 검의 세 가지 특징

문화권에 따라 검의 모습은 다양하지만...

긴 금속제 날과 상대적으로 짧은 손잡이라는 특징을 공유합니다.
(애초에 이러한 특징을 가진 도구를 검이라고 번역합니다.)

이것은 본질적으로
긴 막대기의 한쪽 끝을 잡고
휘두르는 것과 같습니다.

가까이
오지 마!

간격

진정해…!

이러한 구조로 인해
자신의 팔 길이보다
더 먼 거리에서부터
상대의 접근을 막을 수 있고,

위력

작은 움직임으로도
빠르고 크게 휘두르는
위력을 만들며,

휴대 편의성

상대적으로 몸에 지니기에
편리한 크기로 만들 수 있습니다.

⚔ 간격이 긴 무기와의 비교

멀리 있는 상대가 가까이 다가오지 못하게 막고
먼저 공격할 수 있다는 기능만 생각하면
검보다 훨씬 우월한 도구들이 많습니다.

창, 극, 장창, 기병창 등의 무기는
손잡이가 매우 길어서 검보다 압도적으로
먼 거리에서부터 상대를 위협할 수 있습니다.

이런 무기들은 간격뿐 아니라
비용 면에서도 장점이 있습니다.

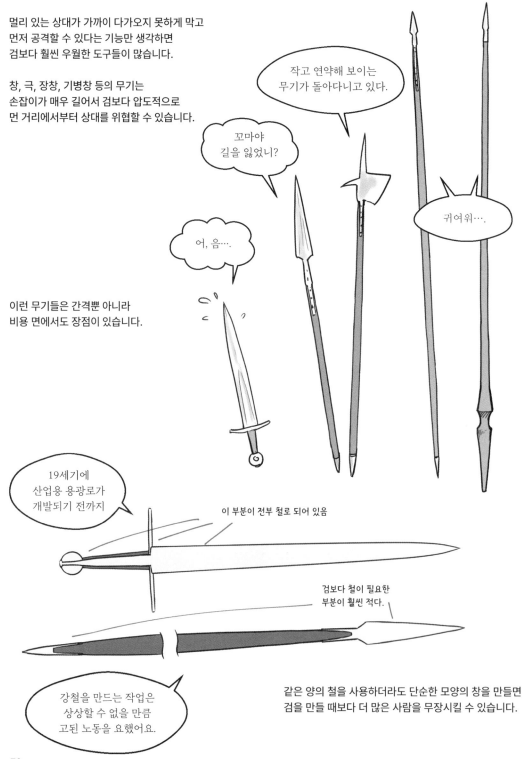

작고 연약해 보이는
무기가 돌아다니고 있다.

꼬마야
길을 잃었니?

어, 음….

귀여워….

19세기에
산업용 용광로가
개발되기 전까지

이 부분이 전부 철로 되어 있음

검보다 철이 필요한
부분이 훨씬 적다.

강철을 만드는 작업은
상상할 수 없을 만큼
고된 노동을 요했어요.

같은 양의 철을 사용하더라도 단순한 모양의 창을 만들면
검을 만들 때보다 더 많은 사람을 무장시킬 수 있습니다.

실제로 과거 전쟁터에서 많은 군인이 창이나 극같이 손잡이가 긴 장비를 주무기로 사용했습니다.

그러나 이렇게 크고 무거운 장비는 다양한 상황에 대처하기엔 유연성이 떨어진다는 단점이 있습니다.

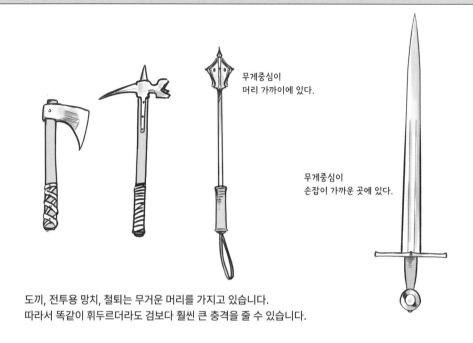

무게중심이
머리 가까이에 있다.

무게중심이
손잡이 가까운 곳에 있다.

도끼, 전투용 망치, 철퇴는 무거운 머리를 가지고 있습니다.
따라서 똑같이 휘두르더라도 검보다 훨씬 큰 충격을 줄 수 있습니다.

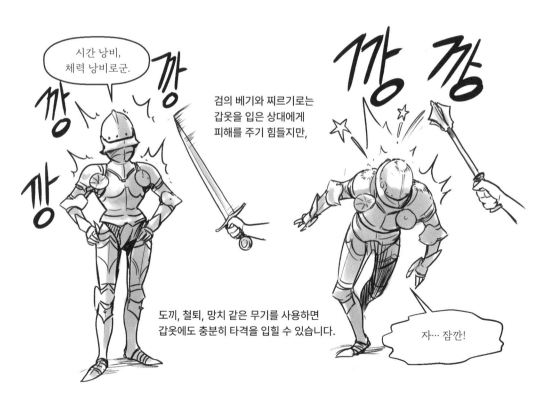

시간 낭비,
체력 낭비로군.

검의 베기와 찌르기로는
갑옷을 입은 상대에게
피해를 주기 힘들지만,

도끼, 철퇴, 망치 같은 무기를 사용하면
갑옷에도 충분히 타격을 입힐 수 있습니다.

자… 잠깐!

그러나 같은 무게를 유지하면서 위력을 높이기 위해서는
머리 부분에 무게를 몰아줘야 하기 때문에
전체 길이가 짧아진다는 단점이 생깁니다.

그걸로 때리기는커녕
접근할 수나 있겠어?

큭… 갑옷이나
방패만 있다면….

한손검과 철퇴 둘 다 무게는
1킬로그램 내외로 비슷하다.

또한 손에서 먼 곳에 무게가 실리는 만큼
검보다 조작하기가 어려워져서
동작이 단순해진다는 문제도 있습니다.

머리 부분에 무게를 많이 배분하는 도끼, 철퇴의 특징을
도검에 적용하는 디자인도 전 세계에서 찾아볼 수 있습니다.

도끼처럼
머리 부분이
무거운 덕분에

보통 검과는
차원이 다른
베기 위력을
자랑합니다!

하지만 역시
보통 검같이
정교하게 조작하기는
어렵겠지.

아무리 흉내 내봤자
나처럼 갑옷을 확실하게
제압하긴 힘들 텐데?

위력에 치중한 무기에 창처럼 긴 손잡이를 붙여주어
조작성을 개선하는 방법도 있습니다.

그러나 이러면 호신용 무기로 늘 지니고 다니며 쓰기엔 어려운 크기가 됩니다.

휴대성에 치중한 무기와의 비교

단검이나 나이프같이 작은 무기는
검에 비해 휴대하기에 압도적으로 편리합니다.

그러나 이렇게 짧은 장비는 제대로 된 긴 무기를 든 상대와 정면으로 싸울 때
스스로를 방어하기가 매우 힘들며,

길이가 비슷한 무기와 맞설 때는 더욱더 위험해진다는 단점이 있습니다.

현대의 어떤 사람들은 검의 성능이 모든 면에서 어중간하기 때문에
널리 사용되지 않았다고 주장하기도 합니다.

만화 주인공들이
검을 쓰는 것은
순전히 겉멋이에요!

전쟁터의 주역은
역시 창이죠!

발끈

뭐 인마?

사람들이 전쟁만
하면서 사는 줄 아냐?

그러나 옛 기록과 미술품에 수없이 남아 있는
검에 대한 묘사와 지금까지 전해지는
검 유물들은 그런 주장이 사실이 아님을 보여줍니다.

조작하기 편리한
균형 잡힌 무게

성능이 어중간하다는 말은 다양한
상황에 유연하게 대응할 수 있는
만능 장비라는 의미이기도 합니다.

다양한 공간에서
휴대하고
사용하기 편리한 크기

옛날 사람들에게
검은 어떤 유형의
호신 상황에서도
믿을 수 있는
장비였습니다

작은 힘으로도 충분히
발휘할 수 있는 살상력

게임으로 알려진 이름

1974년 출시된 TRPG 룰 〈Dungeons & Dragons〉(이하 D&D)는
이후 PC용 게임과 판타지 소설, 만화 등에 큰 영향을 끼쳤습니다.
D&D의 제작자들은 중세풍 세계의 전투를 실감 나게 표현하기 위해
당시 알려진 중세-르네상스 도검에 대한 연구를 참조해 반영했고,
그 내용은 이후의 게임과 판타지물로 이어져 대중에게 널리 알려집니다.

아래는 PC 게임 〈발더스게이트〉(Baldur's Gate, 1998)에
반영된 도검 분류 체계입니다. 도검의 크기를 기준으로
이름을 붙이고 위력과 속도를 설정한 것은 D&D의 체계와
70년대 중세-르네상스 유럽 도검에 대한 연구를 반영합니다.

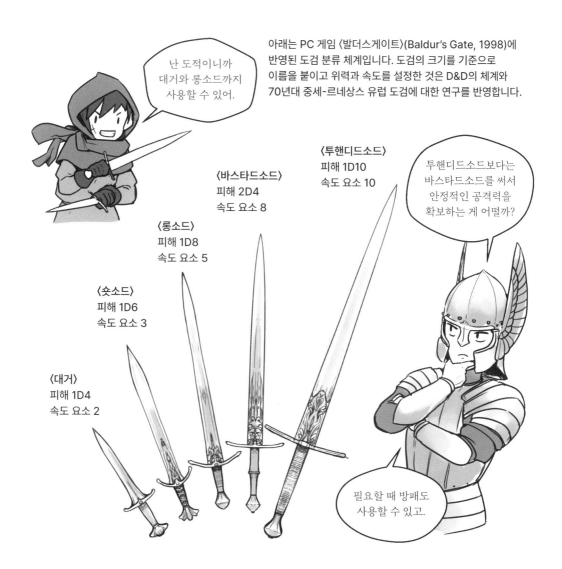

난 도적이니까
대거와 롱소드까지
사용할 수 있어.

〈투핸디드소드〉
피해 1D10
속도 요소 10

〈바스타드소드〉
피해 2D4
속도 요소 8

〈롱소드〉
피해 1D8
속도 요소 5

〈숏소드〉
피해 1D6
속도 요소 3

〈대거〉
피해 1D4
속도 요소 2

투핸디드소드보다는
바스타드소드를 써서
안정적인 공격력을
확보하는 게 어떨까?

필요할 때 방패도
사용할 수 있고.

그러나 도검에 대한 연구가 진척되면서 크기를 기준으로 하는 단순한 분류법을
계속 사용하기는 어려워졌습니다.

크기가 비슷하다고 같은 이름을 붙이면 시대에 따른 양식을 반영하기 어렵고,
당시 사람들이 사용하고 기록하던 이름과도 괴리가 심해집니다.

⚔ 기준이 되는 '검(sword, spade, espada, épée, Schwert)'

이것은 중세-르네상스 유럽의 보편적인 검입니다.

일상의 호신 용품부터 전쟁터의 보조 무기까지 어떤 용도로도 널리 편리하게 사용됐습니다.

한 손으로 다뤄도 충분히 자신을 안전하게 지킬 수 있지만

전쟁터 같은 환경에서는 방패와 함께 쓰는 경우가 많습니다.

100센티미터 전후
무게 0.9~1.3킬로그램

LEVEL. 1
초보 모험가

D&D가 참조했던 과거의 연구에서는 이 크기의 검을 '긴 검-롱소드'로 혼동하여 소개했고, 그것이 오랫동안 창작물 사이에 퍼져 있었습니다.

돈 모아서 롱소드로 갈아타려고 했는데

저게 '롱소드'가 아니라고요?

기준이 되는 검

더 작아지면
'짧은 검'이나 '비수' 같은 이름으로 불린다.

더 커지면
'큰 칼'이나
'긴 칼'로 불린다.

그러나 검을 가리키는 이러한 단어들(sword, épée, spada 등)은
특정한 지역과 시대의 양식을 가리키지 못하는 일반명사입니다.

검!

쉬-익

후-우   쉬익

후-우

? ? ? ? ?

두뇌   풀가동

따라서 중세-르네상스 유럽에서
보편적으로 사용된 특정한 양식의 검을
가리키기 위해서는
별도의 용어가 필요합니다.

여기서 말하는
검은 대체…

이 중에서 어느 걸
가리키는 거지?

sword → arming sword

그래서 현대 학자들은 이러한 양식을
무장용 검이라는 뜻의 '아밍소드'라
구분해 부르고 있습니다.

호신용과 전쟁용 양 방면으로
두루 사용할 수 있으니
그냥 무장(arming)하는 용도의
칼이라고 이름 붙인 것입니다.

하지만 이 검을 사용하던
시대에 쓰던 용어는
아니라는 것에 주의하세요.

현대인이 청동기 시대 조선을
중근세의 조선과 구분하기 위해
'고조선'이라고 부르는 것과
같습니다.

⚔ 짧은 검과 넓은 검(short sword & broad sword)

이 이름은 게임에서는 특수한 형태의 검을 가리키는 용도로 많이 사용됩니다.

숏소드는 초보자용 장비로 표현되거나

가벼운 장비만 사용할 수 있는 직업을 위한 검으로 나오고

브로드소드는 가끔 과장되게 넓은 날을 가진 검으로 등장하죠?

그러나 영어에서 이 두 용어는 레이피어나 스몰소드가 널리 사용된 시대에 등장합니다.
짧은 검, 넓은 검은 새로운 디자인이 아니라 고전적인 아밍소드 크기의 검을 가리키는 말로 쓰였습니다.

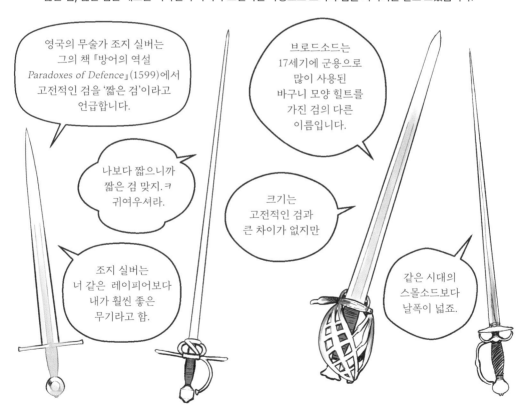

영국의 무술가 조지 실버는 그의 책 『방어의 역설 *Paradoxes of Defence*』(1599)에서 고전적인 검을 '짧은 검'이라고 언급합니다.

나보다 짧으니까 짧은 검 맞지. ㅋ 귀여우셔라.

조지 실버는 너 같은 레이피어보다 내가 훨씬 좋은 무기라고 함.

브로드소드는 17세기에 군용으로 많이 사용된 바구니 모양 힐트를 가진 검의 다른 이름입니다.

크기는 고전적인 검과 큰 차이가 없지만

같은 시대의 스몰소드보다 날폭이 넓죠.

⚔ 전쟁용 검과 큰 검(war sword & great sword)

13~14세기에 들어서 아밍소드보다 훨씬 큰 검이 전쟁터에 등장해 널리 퍼지기 시작했습니다.

〈기존의 아밍소드〉
길이: 1미터 내외
무게: 0.9~1.3킬로그램
한 손으로 잡는 짧은 손잡이

〈워소드, 그레이트소드〉
무게: 1.5~1.8킬로그램

벌크업

길이는 120센티미터 정도로 증가

길이를 점점 늘리다 보니 한 손으로 다루기 힘든 크기가 됐죠.

한 손으로 잡는 짧은 손잡이

양손으로 잡을 수 있는 넉넉하게 긴 손잡이

똑바로 세웠을 때 사용자의 겨드랑이에 닿는 길이

아밍소드라는 용어와 달리 '전쟁용 검'이나 '큰 검' 등은 실제 그 시대 사람들이 사용했던 말입니다!

사슬갑옷은… 충격 흡수가 약점이다…. 큰 검으로 맞으면… 많이 아프다….

더 길고 무거운 검의 이점은 명백합니다.
더 먼 거리에서 상대를 제압할 수 있고,
더 강한 힘으로 찌르거나 벨 수 있습니다.

특히 상대가 충격을 잘 흡수하지 못하는
사슬갑옷을 입었거나
경무장한 상태일 때 훨씬 효과적입니다.

우와… 치사해!

⚔ 장검(long sword, langen Schwert)

14세기부터 보급된 판금갑옷은 전쟁용 검의 모습에도 큰 영향을 끼칩니다.
이제 갑옷의 틈을 찌르기 좋도록 전쟁용 양손검의 칼끝 폭이 좁아집니다.

〈전쟁용 검
(war sword)〉
넓은 폭의 칼날,
비교적 칼끝에 가깝게
실린 무게중심,
베는 위력에
치중한 디자인

〈장검(long sword)〉
길이와 무게는
전쟁용 검과 비슷함

전쟁터가 아니라
일상 호신 상황에도
이런 양손용 칼을
많이 쓰게 됐습니다.

칼끝이 가벼워지면서 생긴 의외의 장점은
무게중심이 손잡이 쪽으로 끌어당겨지면서
민첩하게 조작하기가 훨씬 쉬워졌다는 점입니다.

그래서 이런 걸 전쟁용 검
(Epée de guerre, war sword)이라고
부르기는 어색해졌죠.

다들 이만한 칼을 들고
다니니까 이제는 '특별하게
거대한 검'이라고
부르기도 좀 그래요.

그렇죠. 남는 특징은
보통 칼보다 더 길다는
것 정도니까.

그래서 이 시대의 사람들은
이 무기를 장검
(long sword, langen Schwert)이라고
부르게 됐습니다.

장검을 사용한 전투 방법은
상업적으로 널리 교습된 덕분에
지금도 남아 있는 자료가 풍부합니다.

덕분에 현대의 르네상스 무술 복원은
이 장검 사용법 복원이
주류를 이루고 있습니다.

⚔ 한 손 반의 손잡이(a hand and a half grip)

장검은 원형이 된 전쟁용 검보다 훨씬 다루기 편리하기 때문에 한 손으로도 사용할 수 있습니다.
양손과 한 손을 바꿔가며 사용할 수 있는 장검의 특징은 게임과 각종 판타지물에서
'바스타드소드'라고 불리는 무기의 원형이 됩니다.

〈양손 길이를 가진 장검 손잡이〉

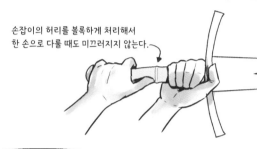

손잡이의 허리를 볼록하게 처리해서
한 손으로 다룰 때도 미끄러지지 않는다.

똑같은 칼을 양손으로 사용하면
한 손으로 쓸 때보다
복잡한 기술을 훨씬 민첩하게
쓸 수 있습니다.

〈한 손 반 길이를 가진 장검 손잡이〉

한 손으로 잡을 때
손잡이에 남는 부분이 적어
덜 방해됩니다.

양손으로 쓸 때는
두 손을 붙여 잡게 되어
조작성이 약간 떨어지지만,
휘둘러 베는 힘이 좋아서
마냥 나쁘지만은 않습니다.

기승 전투와 도보 전투를
오가는 상황에서도
이런 칼이 편리합니다.

아밍소드처럼
방패와 함께 쓰기도 합니다.
게임에서는 이 방법으로
쓰는 게 유명합니다.

말 위에서는
양손 무기를 쓰기 어렵고,
복잡한 검술보단
승마술이
더 중요하거든요!

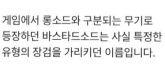

게임에서 롱소드와 구분되는 무기로
등장하던 바스타드소드는 사실 특정한
유형의 장검을 가리키던 이름입니다.

🗡 16세기, 가장 거대한 검의 탄생(16 century great sword)

장검이 널리 유행하던 시대에도 다른 검들을 압도할 수 있는 거대한 칼이 다시 등장합니다.
이러한 칼은 똑같이 '거대한 검(great sword)'이라 불렸지만,
13세기에 비슷하게 불리던 큰 검과는 크기가 전혀 다른 무기였습니다.

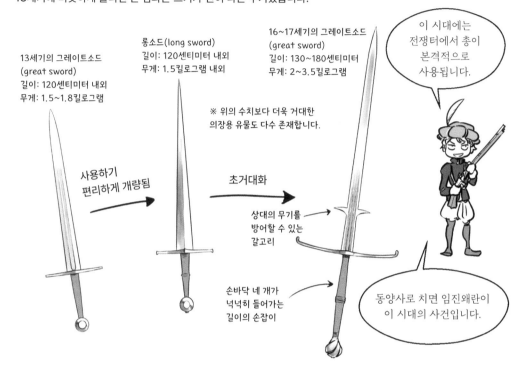

13세기의 그레이트소드
(great sword)
길이: 120센티미터 내외
무게: 1.5~1.8킬로그램

롱소드(long sword)
길이: 120센티미터 내외
무게: 1.5킬로그램 내외

16~17세기의 그레이트소드
(great sword)
길이: 130~180센티미터
무게: 2~3.5킬로그램

※ 위의 수치보다 더욱 거대한
의장용 유물도 다수 존재합니다.

사용하기
편리하게 개량됨

초거대화

상대의 무기를
방어할 수 있는
갈고리

손바닥 네 개가
넉넉히 들어가는
길이의 손잡이

이 시대에는
전쟁터에서 총이
본격적으로
사용됩니다.

동양사로 치면 임진왜란이
이 시대의 사건입니다.

이러한 칼은 보통 사람이 양손으로 다룰 수 있는 크기의 한계까지 덩치를 키운 검입니다.
당대에는 츠바이핸더(Zweihänder), 몬탄테(montante), 스파도네(spadone) 등으로
불렸고 현대에는 트루 투-핸더(true two-hander)라고 불리기도 합니다.

장검은 양손으로 사용하는 도구지만,
아밍소드에 비해 압도적으로 길거나 무거운 무기는 아닙니다.
양손으로 다루는 장검의 이점은
민첩하고 풍부한 조작과 유연함에 있습니다.

반면 대형 양손검은 유연성을 다소 희생하는 대신
월등한 길이와 무게, 위력으로
더 작거나 동급의 무기들을
압도하기 위한 디자인입니다.

앞에서 살펴본 것과 같이, 크기가 비슷한 양손검이나 똑같이 '그레이트소드'라 불리는 검이라 해도
시기에 따라서 가리키는 대상이 달라지는 경우가 많습니다.
D&D에서 사용했던 크기에 기준을 둔 단순한 도검 분류 방법은 지금 그대로 사용하기에는 한계가 뚜렷합니다.

그 칼 안 무거워?

이런래...

둘 다
그런 쪼그만 칼 들고
뭐에 쓰려고?

ㅋㅋㅋ

후욱...

후욱...

네 칼도 내 거랑
비슷한데?

〈13세기 그레이트소드〉　　〈15세기 롱소드〉　　〈16세기 그레이트소드〉

세 가지 모두 양손으로 쓰는 검
(two-handed sword)

초창기 연구는 각 유물의
연대를 판단하는 기준을
만드는 단계였습니다.

그래서 서로 다른 시대의 유물이
섞여 있는 가운데 크기를 기준으로
'짧은 검' '긴 검' '양손검' 등으로
구분했고,

그 결과 지금 판타지물에서
흔히 볼 수 있는
혼란스러운 이름이
탄생했습니다.

D&D가 만들어질 당시
구할 수 있었던
최선의 자료를
따랐을 뿐이라고요!

13세기

15세기

16세기

억울

94

실제로 발견되는 검 유물들을 모아서 크기 순으로 나열해보면
모든 검이 '아밍소드' '장검' '대형 양손검' 같은 범위에 깔끔하게 들어가지 않습니다.
그리고 애매한 중간 크기의 검들을 어렵지 않게 찾아볼 수 있습니다.

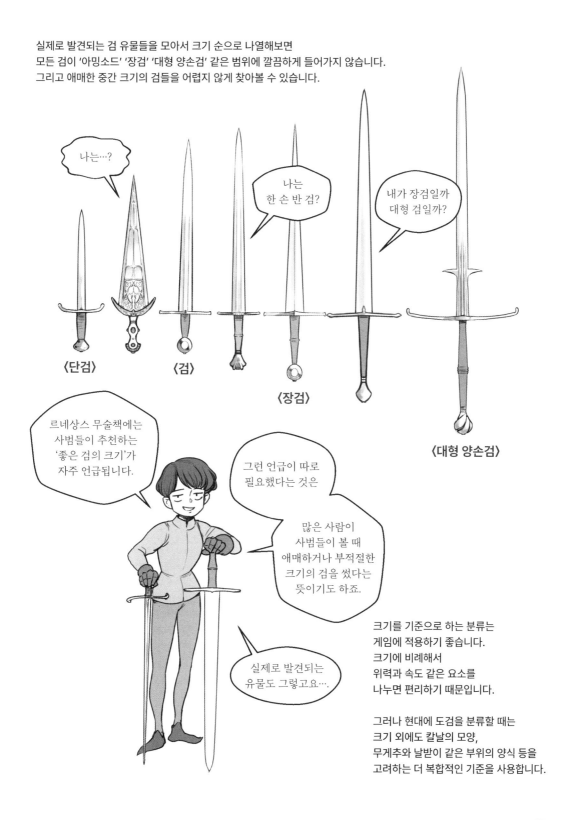

나는…?

나는
한 손 반 검?

내가 장검일까
대형 검일까?

〈단검〉

〈검〉

〈장검〉

〈대형 양손검〉

르네상스 무술책에는
사범들이 추천하는
'좋은 검의 크기'가
자주 언급됩니다.

그런 언급이 따로
필요했다는 것은

많은 사람이
사범들이 볼 때
애매하거나 부적절한
크기의 검을 썼다는
뜻이기도 하죠.

실제로 발견되는
유물도 그렇고요….

크기를 기준으로 하는 분류는
게임에 적용하기 좋습니다.
크기에 비례해서
위력과 속도 같은 요소를
나누면 편리하기 때문입니다.

그러나 현대에 도검을 분류할 때는
크기 외에도 칼날의 모양,
무게추와 날받이 같은 부위의 양식 등을
고려하는 더 복합적인 기준을 사용합니다.

⚜ 검의 구조

검을 이루는 요소들은 어느 하나 의미 없는 것 없이 제 기능을 갖고 있습니다.
검의 구조는 디자인을 넘어서 이것으로 어떤 일을 할 수 있는지를 보여줍니다.

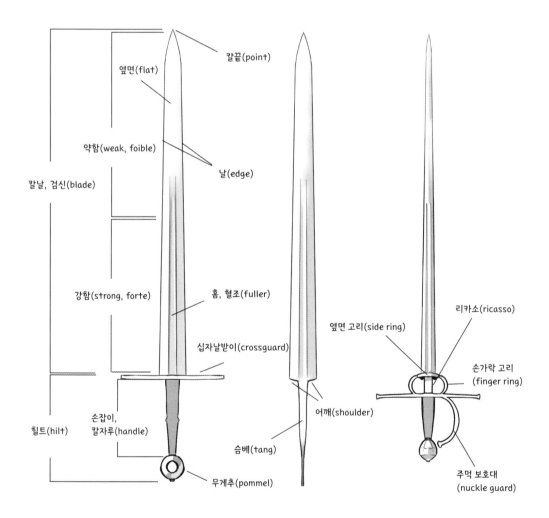

칼끝(point)

옆면(flat)

약함(weak, foible)

날(edge)

칼날, 검신(blade)

강함(strong, forte)

홈, 혈조(fuller)

십자날받이(crossguard)

옆면 고리(side ring)

리카소(ricasso)

손가락 고리
(finger ring)

손잡이,
칼자루(handle)

어깨(shoulder)

힐트(hilt)

슴베(tang)

무게추(pommel)

주먹 보호대
(nuckle guard)

칼날, 검신(blade)

칼날은 아래와 같이 세세하게 구분됩니다.

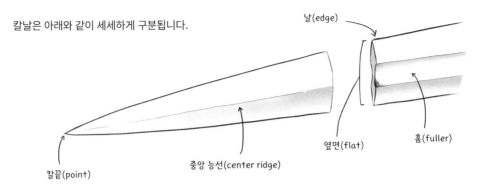

날(edge)

홈(fuller)

옆면(flat)

중앙 능선(center ridge)

칼끝(point)

칼끝, 날, 옆면의 구분은 실제로 검을 사용해서 싸울 때 큰 영향을 끼칩니다.

〈강함과 약함〉

칼날을 반으로 나눠서, 중간부터 손잡이와 가까운 쪽을 '강한 부분',
칼끝에서 중간까지를 '약한 부분'으로 구분합니다.

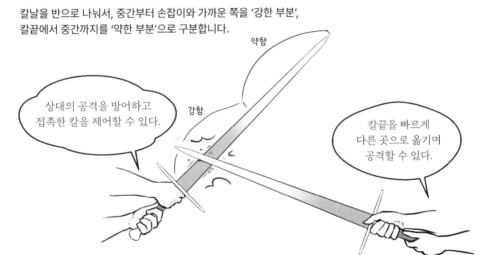

약함

강함

상대의 공격을 방어하고
접촉한 칼을 제어할 수 있다.

칼끝을 빠르게
다른 곳으로 옮기며
공격할 수 있다.

싸우는 도중 강함과 약함의 우열이 애매한 위치에서
접촉했을 땐 옆면과 날의 구분이 큰 영향을 줍니다.

옆면은 상대의 후리기를
붙잡지 않고 흘려내기 좋다.

날은 상대의 칼날을
강하게 밀어내고
제어할 수 있다.

칼날의 형태는 중요시하는 성능에 따라 다양합니다.
베는 성능을 중시하는 검은 대체로 칼날의 폭이 넓은 반면,
찌르기 성능이 중요할 때는 폭이 좁고 튼튼한 칼끝을 가집니다.

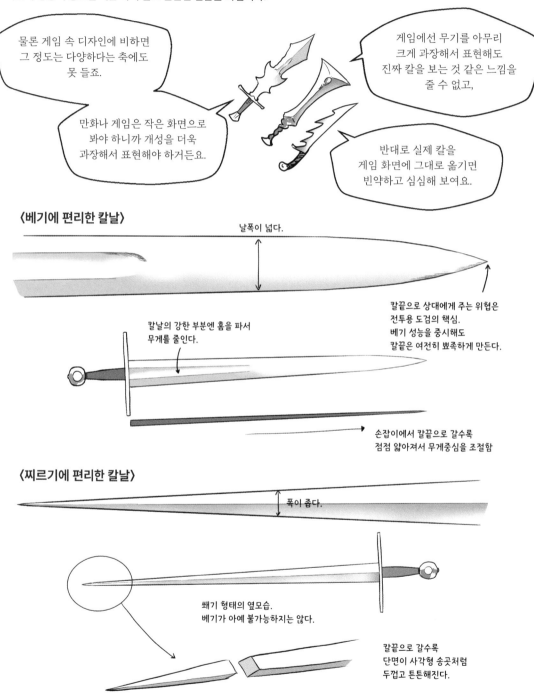

물론 게임 속 디자인에 비하면
그 정도는 다양하다는 축에도
못 들죠.

만화나 게임은 작은 화면으로
봐야 하니까 개성을 더욱
과장해서 표현해야 하거든요.

게임에선 무기를 아무리
크게 과장해서 표현해도
진짜 칼을 보는 것 같은 느낌을
줄 수 없고,

반대로 실제 칼을
게임 화면에 그대로 옮기면
빈약하고 심심해 보여요.

〈베기에 편리한 칼날〉

날폭이 넓다.

칼끝으로 상대에게 주는 위협은
전투용 도검의 핵심.
베기 성능을 중시해도
칼끝은 여전히 뾰족하게 만든다.

칼날의 강한 부분엔 홈을 파서
무게를 줄인다.

손잡이에서 칼끝으로 갈수록
점점 얇아져서 무게중심을 조절함

〈찌르기에 편리한 칼날〉

폭이 좁다.

쐐기 형태의 옆모습.
베기가 아예 불가능하지는 않다.

칼끝으로 갈수록
단면이 사각형 송곳처럼
두껍고 튼튼해진다.

갑옷을 부수고 찌그러트리자!!

픽션에 나오는 과장된 도검 디자인을 실제 대갑주용 검의 디자인으로 혼동하는 사람들도 있지만...

82근(18킬로그램)짜리 청룡언월도

아니 우리를 내버려두고 왜 그런 걸….

돌을 깎아 만든 것 같은 무시무시한 두께

힘이 무슨 크립톤 사람인가? 아무튼 지구인은 아닌 듯?

이런 과장된 무기 설정은 옛날부터 신화적 영웅을 표현하는 데 자주 사용됐습니다.

사람이 휘두를 수 있는 검으로 잘 만든 갑옷을 상대할 때는 칼날로 베는 건 별 의미 없고

난 골목길 전문인데…. 갑옷 입고 싸우는 전쟁터가 아니라….

갑옷의 틈을 노려서 강하고 정확하게 찌르는 기술이 필요합니다.

대갑주용 디자인의 검을 훗날에 나온 레이피어와 혼동하지 않도록 주의.

⚔ 갑옷을 상대하는 송곳

철판으로 만든 갑옷은 사슬갑옷보다 충격을
훨씬 효과적으로 분산시킬 수 있습니다.
강한 후리기로도 갑옷으로 중무장한 사람을 제압하기 어렵게 되자,
전쟁터에서는 찌르기 성능을 더욱 중시하는 형태의 검들이 유행합니다.

〈에스톡
(estoc, tuck)〉
베기를 완전히
포기하고
찌르기에만
집중한 디자인

〈중세 후기에 유행한 디자인
(Oakeshott type XV, XVa)〉
전쟁터에서 갑옷을 상대로
싸울 때 편리하지만,
평복싸움에서 휘둘러 베기도
가능한 만능형

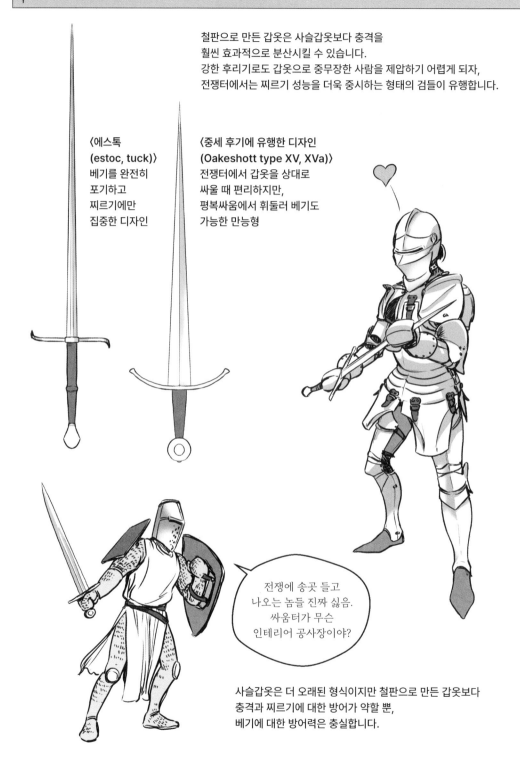

전쟁에 송곳 들고
나오는 놈들 진짜 싫음.
싸움터가 무슨
인테리어 공사장이야?

사슬갑옷은 더 오래된 형식이지만 철판으로 만든 갑옷보다
충격과 찌르기에 대한 방어가 약할 뿐,
베기에 대한 방어력은 충실합니다.

아무리 베기 성능을 중시하는 검이라 해도
전투용 도검은 칼끝을 뾰족하게 살리는 경우가 대부분입니다

외날로 만드는 메서도
칼끝을 살려놓는다.

막대기 모양 도구를 들고
싸울 때의 유리한 점은
바로 거리의 이점을
살릴 수 있다는 거죠.

뾰족한 끝이
눈앞에 들어오면
움찔할 수밖에 없거든요.

상대가 하려는 행동을
미리 방해해서 멈추게 하는 데
칼끝은 정말 중요합니다.

싸움에 사용하지 않는 특수한 용도의 검은
찌르기가 불가능한 디자인으로 만들기도 합니다.

싸우지 말고
법의 준엄함이나
보아라!

〈독일에서 사용된
사형 집행용 검의
전형적인 디자인〉

⬇ 한쪽 날만 가진 칼

한자 문화권에서는 싸움에 쓰는 칼을 양쪽 날을 가진 검(劍)과, 한쪽 날을 가진 도(刀)로 구분합니다.
하지만 이 책에서는 르네상스 무술에서 취급하는 방법대로, 둘의 사용법을 엄밀하게 분리하지는 않을 것입니다.

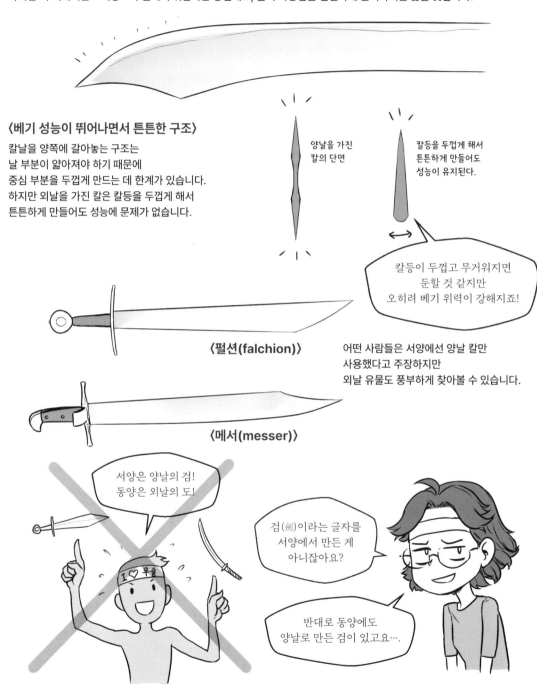

〈베기 성능이 뛰어나면서 튼튼한 구조〉

칼날을 양쪽에 갈아놓는 구조는
날 부분이 얇아져야 하기 때문에
중심 부분을 두껍게 만드는 데 한계가 있습니다.
하지만 외날을 가진 칼은 칼등을 두껍게 해서
튼튼하게 만들어도 성능에 문제가 없습니다.

양날을 가진
칼의 단면

칼등을 두껍게 해서
튼튼하게 만들어도
성능이 유지된다.

칼등이 두껍고 무거워지면
둔할 것 같지만
오히려 베기 위력이 강해지죠!

〈펄션(falchion)〉

어떤 사람들은 서양에선 양날 칼만
사용했다고 주장하지만
외날 유물도 풍부하게 찾아볼 수 있습니다.

〈메서(messer)〉

서양은 양날의 검!
동양은 외날의 도!

I ♡ 무술

검(劍)이라는 글자를
서양에서 만든 게
아니잖아요?

반대로 동양에도
양날로 만든 검이 있고요….

〈의사도(疑似刀, false edge)〉

칼날 전체에 난 앞쪽 날

칼끝

반대쪽 3분의 1 정도에만 있는
뒤쪽 날

의사도는 전체적으로는 외날 도검의 모습이지만
칼끝에 가까운 일부분은 양날을 가지고 있는
형식입니다. 외날도검의 장점을 가지면서 동시에
뒷날을 사용하는 양날도검의 기법도
쓸 수 있습니다.

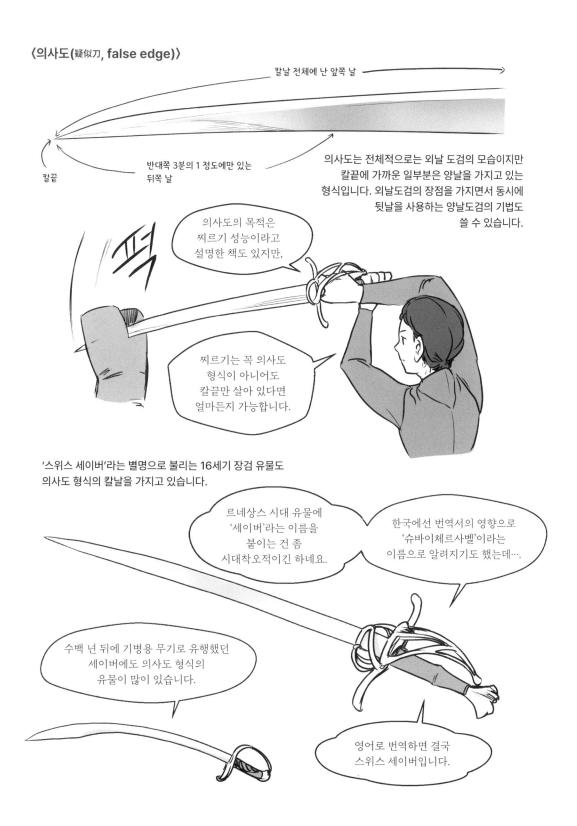

꼭

의사도의 목적은
찌르기 성능이라고
설명한 책도 있지만,

찌르기는 꼭 의사도
형식이 아니어도
칼끝만 살아 있다면
얼마든지 가능합니다.

'스위스 세이버'라는 별명으로 불리는 16세기 장검 유물도
의사도 형식의 칼날을 가지고 있습니다.

르네상스 시대 유물에
'세이버'라는 이름을
붙이는 건 좀
시대착오적이긴 하네요.

한국에선 번역서의 영향으로
'슈바이체르사벨'이라는
이름으로 알려지기도 했는데…

수백 년 뒤에 기병용 무기로 유행했던
세이버에도 의사도 형식의
유물이 많이 있습니다.

영어로 번역하면 결국
스위스 세이버입니다.

⚔ 슴베(tang)

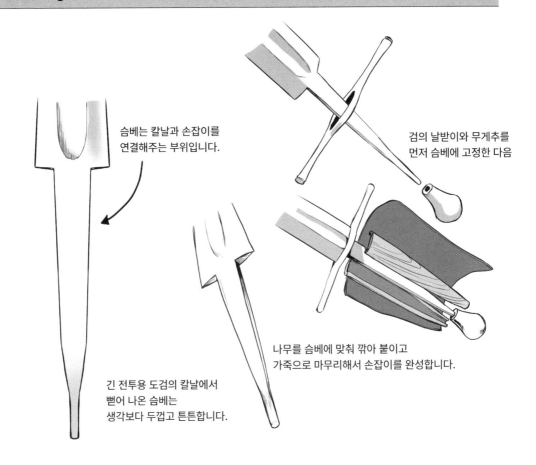

슴베는 칼날과 손잡이를
연결해주는 부위입니다.

검의 날받이와 무게추를
먼저 슴베에 고정한 다음

나무를 슴베에 맞춰 깎아 붙이고
가죽으로 마무리해서 손잡이를 완성합니다.

긴 전투용 도검의 칼날에서
뻗어 나온 슴베는
생각보다 두껍고 튼튼합니다.

조리용이나 공구용 칼도 깊은 슴베를 가지고 있습니다.

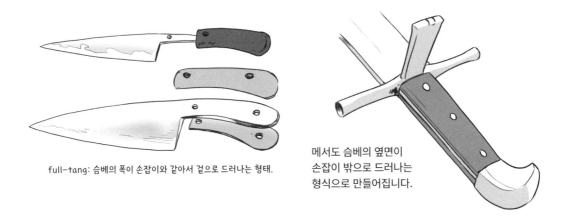

full-tang: 슴베의 폭이 손잡이와 같아서 겉으로 드러나는 형태.

메서도 슴베의 옆면이
손잡이 밖으로 드러나는
형식으로 만들어집니다.

슴베는 손잡이 속에 숨겨지지만 칼날과 같은 재료에서 뻗어 나온 구조입니다.

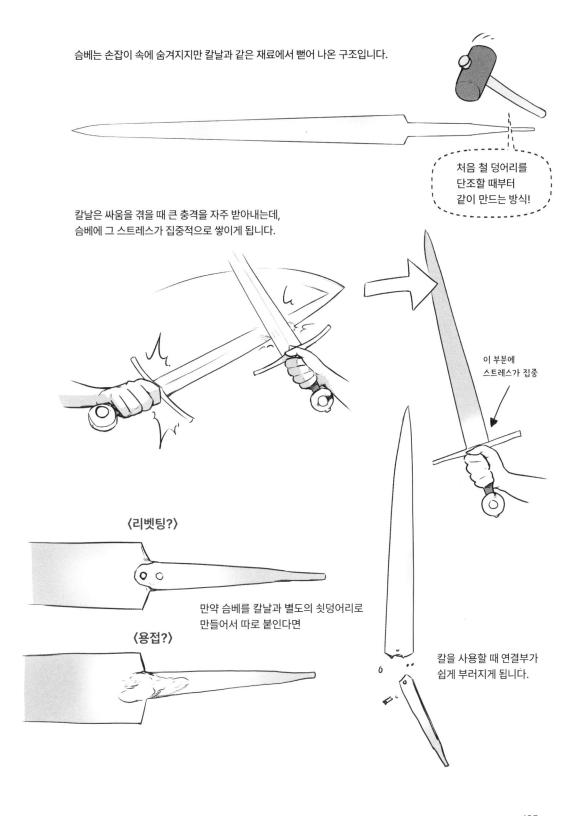

처음 철 덩어리를
단조할 때부터
같이 만드는 방식!

칼날은 싸움을 겪을 때 큰 충격을 자주 받아내는데,
슴베에 그 스트레스가 집중적으로 쌓이게 됩니다.

이 부분에
스트레스가 집중

〈리벳팅?〉

만약 슴베를 칼날과 별도의 쇳덩어리로
만들어서 따로 붙인다면

〈용접?〉

칼을 사용할 때 연결부가
쉽게 부러지게 됩니다.

현대의 모조 도검 중에서
실제 사용을 고려하지 않은 저가형 장식품 칼은
슴베가 약한 경우가 많습니다.

···투척 무기?!

피웅~

전투용 도검은
날이 무겁기 때문에
식칼보다 더 불안하죠.

용접 부분에
스트레스 집중

슴베 대신 나사봉을 용접하는 것도
저가형 도검에 많이 쓰이는 방식입니다.

그런 칼은 칼날이 서로 부딪치는 충격을
견디는 것은 고사하고 허공에 휘두르기만 해도
슴베가 버티지 못하고 파손되곤 합니다.

이런 칼은
절대 연습할 때
쓰면 안 됩니다.

부르ㅁ···

무게추를 나사식으로 돌려서 고정하는 제품은
충격을 받을 때마다 계속 헐거워짐

누가 언제 어디서 다칠지
알 수 없는 폭탄 같은
물건이거든요.

어떻게 원시인들 창보다
형편없을 수 있음?

튼튼한 슴베를 이용해서
날이 있는 도구를 손잡이와 연결하는 것은
석기시대 유물에서도 찾아볼 수 있는
유서 깊은 방법입니다.

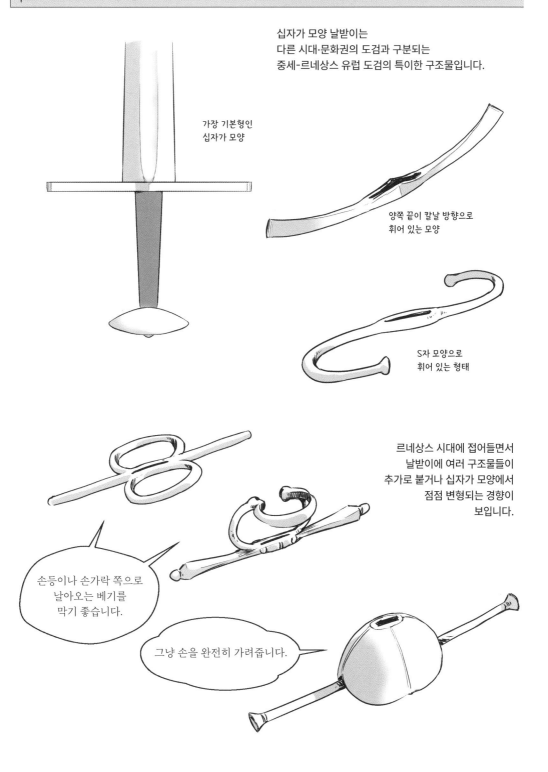

⚔ 십자날받이(crossguard)

십자가 모양 날받이는
다른 시대·문화권의 도검과 구분되는
중세-르네상스 유럽 도검의 특이한 구조물입니다.

가장 기본형인
십자가 모양

양쪽 끝이 칼날 방향으로
휘어 있는 모양

S자 모양으로
휘어 있는 형태

르네상스 시대에 접어들면서
날받이에 여러 구조물들이
추가로 붙거나 십자가 모양에서
점점 변형되는 경향이
보입니다.

손등이나 손가락 쪽으로
날아오는 베기를
막기 좋습니다.

그냥 손을 완전히 가려줍니다.

한편 이러한 변화를
'단순한 십자가 모양 날받이는
상대의 공격으로부터 손을
효과적으로 보호하지 못한다'는 뜻으로
읽을 수도 있습니다.

당연한 거 아냐?
아니 애초에 왜 날받이로
방어할 생각을 하는 건데??

로마식 장검

바이킹의 검

가드라는 이름 때문에
오해하기 쉽지만
칼싸움에서 손을 방어할 때는
가드를 많이 사용하지
않습니다.

일반적인 검의 날받이는
손이 날 쪽으로 미끄러지지 않도록
막아주는 역할에 충실합니다.

상대가 정면에서
내 손을 목표로 노리는
상황 자체가 잘못된 거지!

제대로 움직인다면 손은
언제나 상대의 첫 번째
목표에서 벗어난
위치에 있거든요.

상대의 베기를 방어하고 찌르기를 걷어낼 때는
날받이가 아니라 칼날의 강한 부위를 사용합니다.

동서양 어디든 칼싸움을 할 때는
칼의 이 부위를 사용해서
상대의 공격을 방어한다.

정면에서 보면
손가락을 전혀
가려주지 못하지만

가려야 할 필요도
없어요.

초창기 십자가 모양 날받이는 10~11세기 경에 바이킹과 그 후손인 노르만인들이
사용하던 검에서 찾아볼 수 있습니다.
그 후 전 유럽으로 퍼져 수백 년 동안 널리 사용됩니다.

힙하게 생겨서 좋긴 한데
왜 하필 이런 모양임?

왜 이런 형태의 날받이가 만들어졌는지
정확히 설명하기는 어렵습니다.

후대 사람들을
골탕 먹이기 좋잖아!

모양이 특이하니까
사용법도 특이할 거라고
착각하고 허우적댈 게
분명해!

난폭한 이교도와
기사 들이 마침내
주님의 품으로
돌아왔다는 증거
아니겠습니까?!

폭력을 쓰는
무뢰한이 아닌
말씀을 지키는
검이 되어….

일단 유행해서
검의 기본형으로 자리 잡은
이후에는 당연히 이걸
사용하는 기술도 뒤따라
왔을 겁니다.

실제 기원은 알기 어렵지만,
이러한 형태를 십자가와 연결시키는 해석이
이미 오래전부터 존재했습니다.

무기에 갈고리를 달아놓은
거랑 마찬가지인데, 이게 꽤
요긴하거든요.

아무튼 손을 방어하는
용도는 아니지만요.

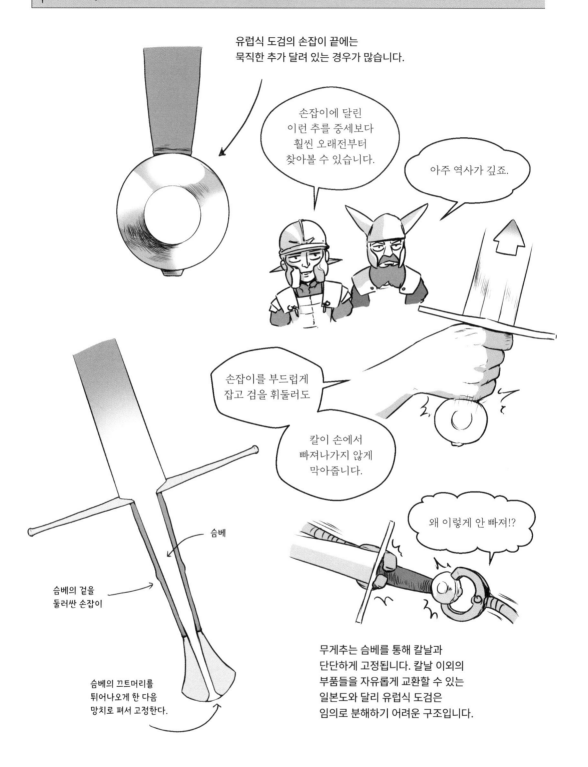

유럽식 도검의 손잡이 끝에는
묵직한 추가 달려 있는 경우가 많습니다.

손잡이에 달린
이런 추를 중세보다
훨씬 오래전부터
찾아볼 수 있습니다.

아주 역사가 깊죠.

손잡이를 부드럽게
잡고 검을 휘둘러도

칼이 손에서
빠져나가지 않게
막아줍니다.

왜 이렇게 안 빠져!?

슴베

슴베의 겉을
둘러싼 손잡이

슴베의 끄트머리를
튀어나오게 한 다음
망치로 펴서 고정한다.

무게추는 슴베를 통해 칼날과
단단하게 고정됩니다. 칼날 이외의
부품들을 자유롭게 교환할 수 있는
일본도와 달리 유럽식 도검은
임의로 분해하기 어려운 구조입니다.

중세-르네상스 시기에 사용된
양날검의 칼날은 대체로
칼끝으로 갈수록 가볍게,
손잡이 쪽으로 갈수록 무겁게
만들어졌습니다.

가벼움

〈무게추가 없는 경우〉

무거움

무게를 이렇게 배분하면 칼끝을 편하게 조종할 수 있지만
휘둘러 벨 때 힘이 빠진다는 단점이 있습니다.

도끼처럼 칼끝에
무게가 실려 있으면
베기 위력이 강력하겠지만…

그러면 칼끝을
조종하기가
어려워집니다.

〈휘둘러 베는 움직임에
힘을 실어주는 무게추〉

손잡이를 회전축으로 삼아
무게추가 칼날을 가속시킨다.

손잡이 끝에 무게추를 달면
이러한 문제가 깔끔하게 해결됩니다.

베기에 힘을 실어주면서도
전체적인 무게중심은 손잡이에
가까운 쪽으로 끌어당길 수 있다.

덕분에 칼끝은 여전히 편하게
조종할 수 있다.

손잡이를 꽉
잡아버리면 이런 효과를
살릴 수 없습니다.
손 안에서 칼이 부드럽게
돌아갈 수 있어야죠!

여기를
끌어당기지 않아도

반대쪽에 무게를 실어주면
자연스럽게 움직인다.

한코 되브링어는 이러한 작용에 대해
'검의 구조는 저울과 같다'고
직설적으로 언급합니다.

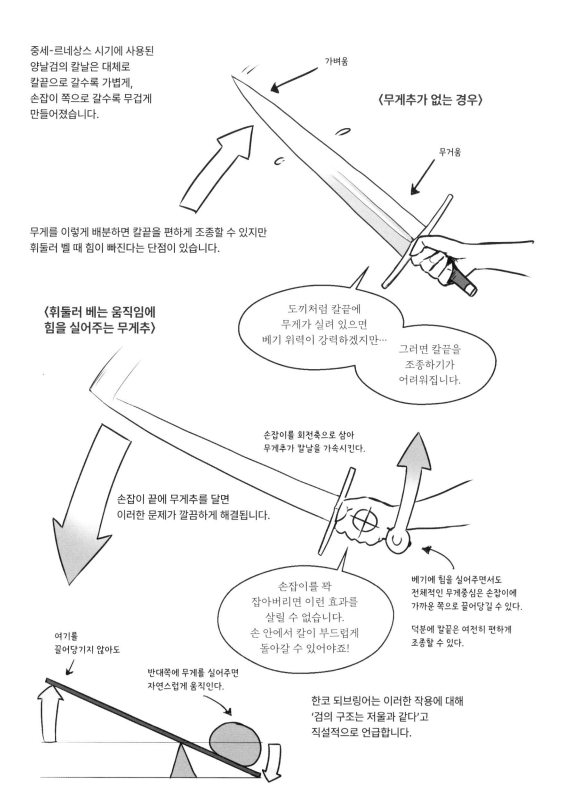

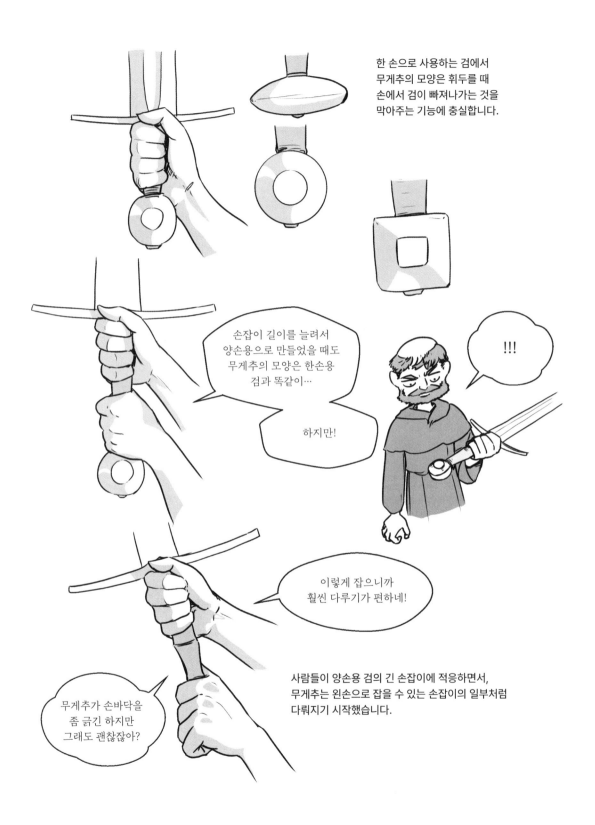

한 손으로 사용하는 검에서
무게추의 모양은 휘두를 때
손에서 검이 빠져나가는 것을
막아주는 기능에 충실합니다.

손잡이 길이를 늘려서
양손용으로 만들었을 때도
무게추의 모양은 한손용
검과 똑같이…

하지만!

!!!

이렇게 잡으니까
훨씬 다루기가 편하네!

사람들이 양손용 검의 긴 손잡이에 적응하면서,
무게추는 왼손으로 잡을 수 있는 손잡이의 일부처럼
다뤄지기 시작했습니다.

무게추가 손바닥을
좀 긁긴 하지만
그래도 괜찮잖아?

무게추를 보조 손으로 잡고 직접 움직이면
칼끝을 훨씬 쉽고 빠르게 조종할 수 있습니다.

무게추를 살짝 움직이면

칼끝이 매우 크게 반응한다.

영화에선 검을 둔하고
정직하게 휘두르는
모습이 많이 나오지만

실제 양손으로
다루는 검은 굉장히
복잡하고 변칙적으로
움직일 수 있습니다!

역시 신경 쓰여!

그리고 손바닥 안에 넣고 다루는
손잡이 부품이라는 기능이 추가되자
그 기능에 더 적합한 모습의 무게추가
필요해졌습니다.

좀 더 편한
형태가 없을까?

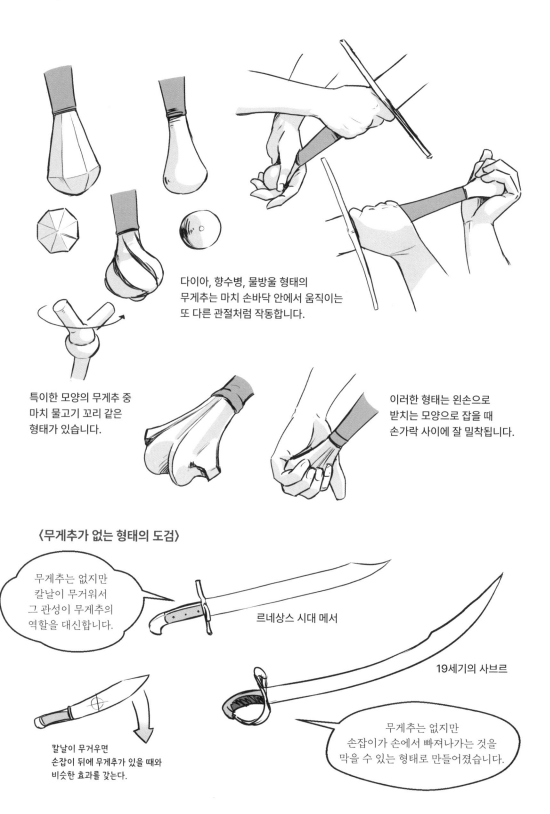

다이아, 향수병, 물방울 형태의
무게추는 마치 손바닥 안에서 움직이는
또 다른 관절처럼 작동합니다.

특이한 모양의 무게추 중
마치 물고기 꼬리 같은
형태가 있습니다.

이러한 형태는 왼손으로
받치는 모양으로 잡을 때
손가락 사이에 잘 밀착됩니다.

〈무게추가 없는 형태의 도검〉

무게추는 없지만
칼날이 무거워서
그 관성이 무게추의
역할을 대신합니다.

르네상스 시대 메서

19세기의 사브르

칼날이 무거우면
손잡이 뒤에 무게추가 있을 때와
비슷한 효과를 갖는다.

무게추는 없지만
손잡이가 손에서 빠져나가는 것을
막을 수 있는 형태로 만들어졌습니다.

칼날의 강한 부분은 상대를 베는 용도로는 거의 사용되지 않습니다.

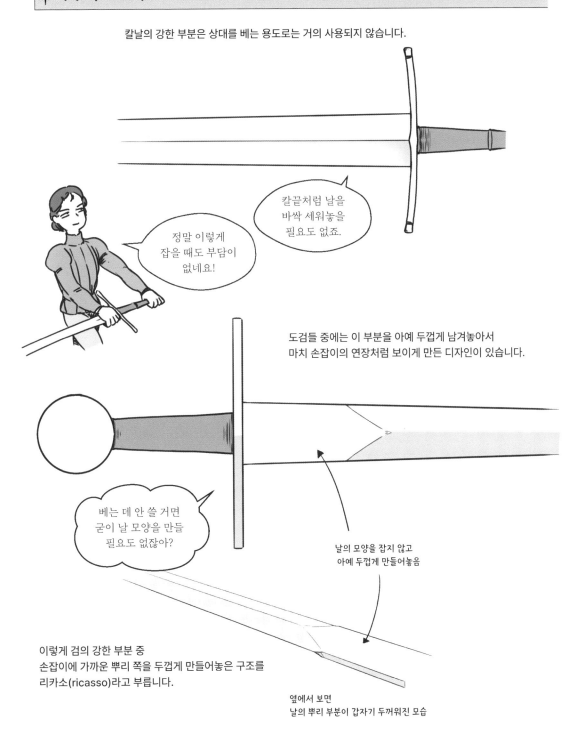

정말 이렇게 잡을 때도 부담이 없네요!

칼끝처럼 날을 바싹 세워놓을 필요도 없죠.

도검들 중에는 이 부분을 아예 두껍게 남겨놓아서 마치 손잡이의 연장처럼 보이게 만든 디자인이 있습니다.

베는 데 안 쓸 거면 굳이 날 모양을 만들 필요도 없잖아?

날의 모양을 잡지 않고 아예 두껍게 만들어놓음

이렇게 검의 강한 부분 중 손잡이에 가까운 뿌리 쪽을 두껍게 만들어놓은 구조를 리카소(ricasso)라고 부릅니다.

옆에서 보면 날의 뿌리 부분이 갑자기 두꺼워진 모습

리카소는 한손검에서도 찾아볼 수 있지만 특히 대형 양손검 유물 중에 크기가 두드러지는 경우가 많습니다.

동양의 쌍수도는
동호인이라는 구조물이
날 뿌리에 붙기도 하는데

이만큼을 모두 손잡이처럼 사용할 수 있다.

연장된 손잡이처럼
활용됩니다.

유럽식 칼의
리카소는요?

유럽식 대형 검의
리카소도 비슷하게
길어진 손잡이처럼
쓸 수 있습니다.

손잡이를 넓게 잡고 사용하면
훨씬 강한 지렛대 힘을 얻을 수 있어서
싸움을 좀 더 유연하게 풀어나가는 데 도움이 됩니다.

크고 무거운
무기를 들고
싸우더라도

민첩하게
반응할 수 있다
이겁니다!

…그러면 처음부터
손잡이를 길게
만들면 안 되나?

손잡이가 검의 비율을
유지하고 있으면
검으로서 휘두르기
좋아요.

기왕 검으로
만들었는데 긴 손잡이
무기랑 똑같아질
필요는 없습니다.

르네상스 시대 대형 양손검에서 리카소의 끝이나 중간 부분에 튀어나온 갈고리 모양 구조물을 자주 찾아볼 수 있습니다.

꼭 십자날받이를 복사+축소+붙여넣기한 것같이 생겼어요.

여기!

리카소

이게 맞나?

미늘창 같은 무기로부터 손을 보호하는 용도가 아니었을까요?

그래도 실수했을 때 보험은 되지 않을지?

패링 러그를 상대의 공격으로부터 손을 보호하는 용도로 보기도 합니다만, 검으로 자신을 보호하는 방어 기법을 고려했을 때 썩 속 시원한 설명은 아닙니다.

긴 손잡이 무기를 걸어서 빗겨내기 편리하다는 의견도 있습니다.

하지만 모든 대형 검에 패링 러그가 달린 것도 아니고

리카소가 어디까지인지 표시하려고 한 건가?

위에 언급된 용도로 쓰기엔 지나치게 작은 형태도 있어요.

그래서 패링러그가 어떤 용도였는지 100퍼센트 확실하게 단정하기는 어렵습니다.

⎸ 쉴트(Schild)

쉴트, 즉 방패는 르네상스 시대 무술서 삽화에서 자주 볼 수 있는 연습용 검에 묘사된 구조물입니다.
연습용 검은 둥근 칼끝과 진검보다 폭이 좁은 날, 넓게 퍼진 리카소를 가진 것으로 묘사됩니다.

〈전형적인 모습의 연습용 검〉

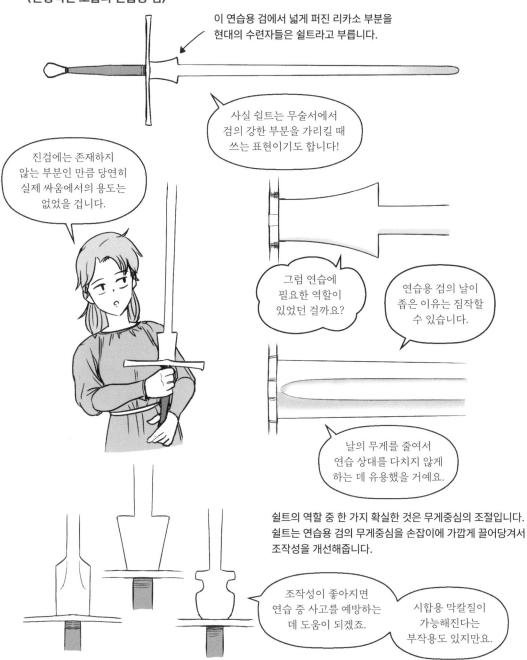

이 연습용 검에서 넓게 퍼진 리카소 부분을
현대의 수련자들은 쉴트라고 부릅니다.

사실 쉴트는 무술서에서
검의 강한 부분을 가리킬 때
쓰는 표현이기도 합니다!

진검에는 존재하지
않는 부분인 만큼 당연히
실제 싸움에서의 용도는
없었을 겁니다.

그럼 연습에
필요한 역할이
있었던 걸까요?

연습용 검의 날이
좁은 이유는 짐작할
수 있습니다.

날의 무게를 줄여서
연습 상대를 다치지 않게
하는 데 유용했을 거예요.

쉴트의 역할 중 한 가지 확실한 것은 무게중심의 조절입니다.
쉴트는 연습용 검의 무게중심을 손잡이에 가깝게 끌어당겨서
조작성을 개선해줍니다.

조작성이 좋아지면
연습 중 사고를 예방하는
데 도움이 되겠죠.

시합용 막칼질이
가능해진다는
부작용도 있지만요.

하지만 현대의 재현자들은 고민하고 있습니다.
연습용 검에 달려 있는 쉴트에 무게중심 조절 이외의 또 다른 기능이 있는 게 아닐까요?

방어 기법에 익숙하지 않은 초보자들이 손가락을 다치지 않도록

상대의 칼끝을 붙잡아주는 역할이 아닐까요?

글쎄? 손 방어에 필요한 기법이랑 너무 괴리가 커서

그런 용도로 쓰면 오히려 나쁜 습관만 붙을 것 같은데?

굉장히 그럴듯한 가설이라고 생각했는데….

쉴트를 후리기로부터 손을 보호하는 용도로 사용해보면 실제로는 거의 작동하지 않는 것을 쉽게 확인할 수 있습니다.

날이 서 있는 진검의 효과를 일부라도 재현하기 위한 장치일지도 모릅니다.

날을 세운 진검은 상대의 검과 엮였을 때 옆면으로 붙느냐, 날로 붙느냐에 따라 효과가 매우 뚜렷하게 구분됩니다.

옆면으로 돌리면 좀 더 잘 미끄러지고,

날끼리 엮이면 서로 굉장히 단단하게 붙습니다.

날이든 옆면이든 연습용 검보다 훨씬 끈적하게 붙네요.

그러나 날을 뭉툭하게 처리한 연습용 검은
서로 접촉이 이루어졌을 때 진검보다 훨씬 빠르게 미끄러집니다.

⚔ 핑거링(finger ring)

르네상스 시대 도검들 중 일부 유물은
십자날받이와 리카소의 시작 부분 사이에
고리 형태의 구조물을 달고 있습니다.

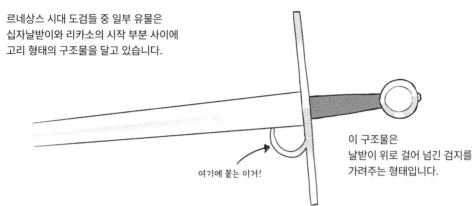

여기에 붙는 이거!

이 구조물은
날받이 위로 걸어 넘긴 검지를
가려주는 형태입니다.

역할이 애매한 패링 러그, 쉴트와는 달리
이 고리의 사용법은 당대의 그림과 무술서 등에 풍부하게 남아 있습니다.

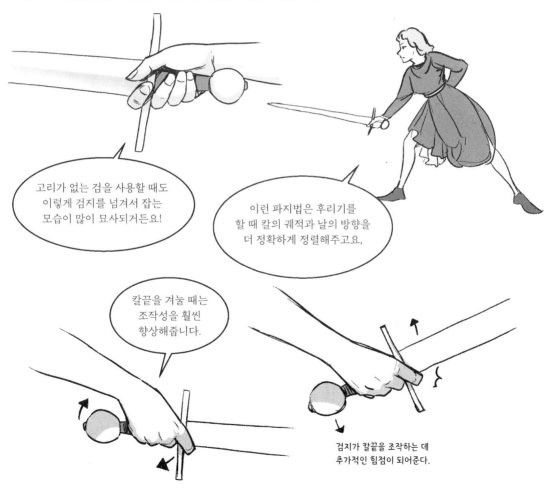

고리가 없는 검을 사용할 때도
이렇게 검지를 넘겨서 잡는
모습이 많이 묘사되거든요!

이런 파지법은 후리기를
할 때 칼의 궤적과 날의 방향을
더 정확하게 정렬해주고요,

칼끝을 겨눌 때는
조작성을 훨씬
향상해줍니다.

검지가 칼끝을 조작하는 데
추가적인 힘점이 되어준다.

이러한 파지법은 상당히 오래전부터 활용됐지만
손가락을 보호하기 위한 고리는 15세기에야 비로소 검에 붙기 시작했습니다.

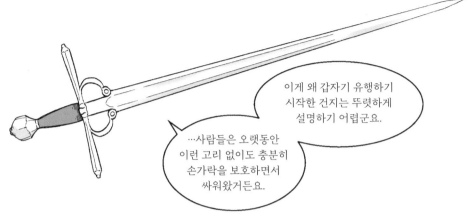

이게 왜 갑자기 유행하기
시작한 건지는 뚜렷하게
설명하기 어렵군요.

…사람들은 오랫동안
이런 고리 없이도 충분히
손가락을 보호하면서
싸워왔거든요.

하지만 16세기 무렵이 되면 이런 보호 장치는 검의 표준으로 자리 잡아
점점 더 복잡한 모습을 갖추게 됩니다.

…설마 총이 등장해서
사람들의 칼싸움 기술이
쇠퇴한 건가?

아무튼 칼끝을 정밀하게
쓰는 레이피어를 사용할 때
도움이 되긴 합니다.

고리 대신 리카소와 십자날받이를 연결하는
막대 모양 구조물을 가진 검도 있습니다.
주로 이탈리아에서 많이 볼 수 있는 유물 형태입니다.

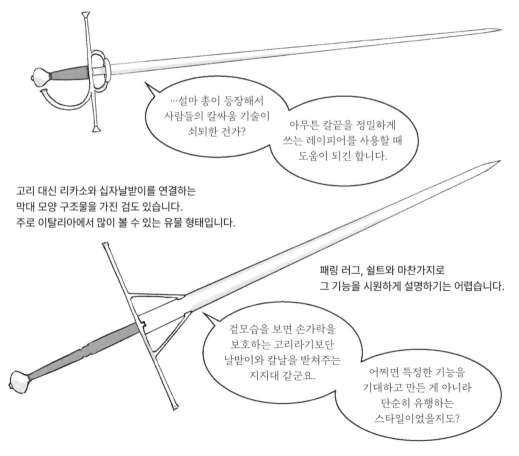

패링 러그, 쉴트와 마찬가지로
그 기능을 시원하게 설명하기는 어렵습니다.

겉모습을 보면 손가락을
보호하는 고리라기보단
날받이와 칼날을 받쳐주는
지지대 같군요.

어쩌면 특정한 기능을
기대하고 만든 게 아니라
단순히 유행하는
스타일이었을지도?

⚔ 사이드링과 너클가드(side ring & knuckle guard)

15세기 이후 유럽의 검은 손을 보호하기 위한
구조물이 붙기 시작하면서 점점 복잡한 모습으로
발달합니다.

칼날 방향으로 붙어서 검지를 보호하는 핑거링과 달리,
사이드링은 날의 옆면으로 튀어나와
사용자의 손등을 보호하는 구조물입니다.

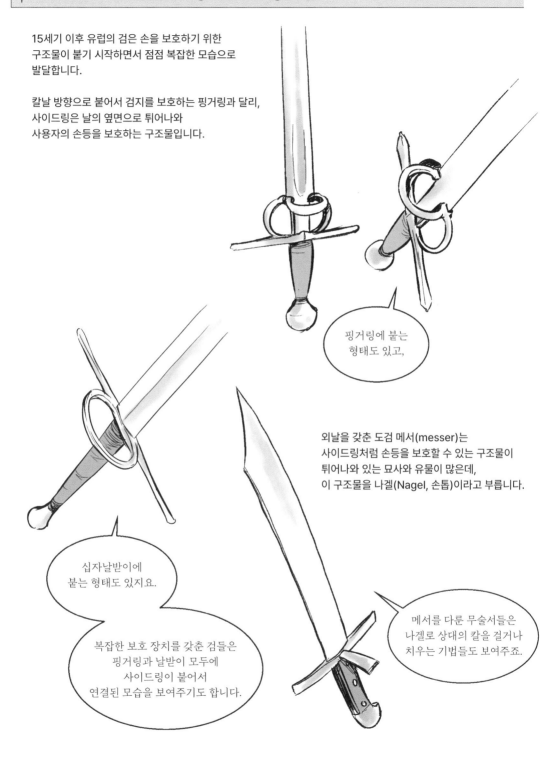

핑거링에 붙는
형태도 있고,

외날을 갖춘 도검 메서(messer)는
사이드링처럼 손등을 보호할 수 있는 구조물이
튀어나와 있는 묘사와 유물이 많은데,
이 구조물을 나겔(Nagel, 손톱)이라고 부릅니다.

십자날받이에
붙는 형태도 있지요.

복잡한 보호 장치를 갖춘 검들은
핑거링과 날받이 모두에
사이드링이 붙어서
연결된 모습을 보여주기도 합니다.

메서를 다룬 무술서들은
나겔로 상대의 칼을 걸거나
치우는 기법들도 보여주죠.

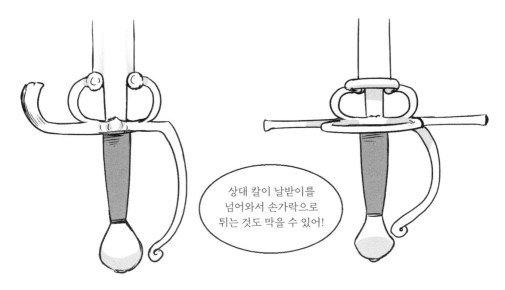

상대 칼이 날받이를
넘어와서 손가락으로
튀는 것도 막을 수 있어!

핑거링, 사이드링과 함께 손잡이를 쥔 손가락을 보호하는 너클가드도 추가되어 손에 대한 방어력을 보강했습니다.
청동기시대부터 거의 3000년 넘게 유지되던 단순한 형태의 힐트는
15세기부터 17세기 사이에 갑작스럽게 복잡한 모양으로 변했습니다.

손잡이의 구조가 복잡해진 만큼
칼을 꾸밀 수 있는 자리도
많아졌습니다.

사이드링, 핑거링, 너클가드가
더 복잡하게 결합된 굉장히
화려한 유물들이 이때 나오죠.

17세기에는 아예 손을
덮어버리는 바구니 모양
힐트까지 등장!

르네상스 시대 도검 힐트의 급격한 변화는
어쩌면 무술을 둘러싼 환경에 큰 격변이 있었음을
보여주는 것일 수도 있습니다.
특히 개인화기가 등장해서 발전하던 시기와
겹친다는 것이 의미심장합니다.

cgm1507 "Paulus Kal"

06r

2장

르네상스 무술 실기

2장을 시작하며

2장은 르네상스 유럽 무술의 실기를 장검을 중심으로 다룹니다.

　　장검을 중심으로 다룬다고 하지만, 사실 르네상스 무술의 사료를 남긴 옛 사범들은 항상 입을 모아 이것이 맨손과 다른 무기, 평복과 갑주, 도보전과 기마전 등 모든 종류의 싸움에 통용되는 원리라고 설명합니다. 물론 무술책에는 검으로 싸우는 방법에 대한 기술 예제가 수없이 등장합니다. 만약 여력이 넉넉한 출판사가 있어 그것을 모두 해석해 만화나 그림으로 옮기는 작업을 의뢰해준다면 거의 평생을 일거리 걱정 없이 살아갈 수 있을 겁니다. 하지만 사실 그 다양한 기술들은 옛 무술서들을 남긴 사범들이 싸움의 핵심이라 생각했던 공통 원리를 보여주기 위한 응용 문제의 성격을 띠고 있습니다. 옛날 사람들은 어떻게 싸웠는지를 이미지로 표현하는 데에는 그 원리를 살펴보는 편이 더 도움되리라 생각합니다. (기술 예제들을 풍부하게 모은 책은 한국에도 이미 오래전에 출간됐습니다!)

　　다른 무술을 수련하고 계시는 독자님들이라면 르네상스 무술에서 소개하는 원리들이 영 낯설게 다가오지만은 않을 것입니다. 여러분에게 익숙한 개념을 르네상스 무술에서는 어떤 언어로 표현하는지 비교해보시는 것도 흥미로운 지점이 되리라 기대합니다.

　　또 한 가지 독자 여러분께 다시금 당부드리는 말씀은, 이 책은 실제 무술 수련을 위한 자료나 교재로 쓰일 것을 염두에 두고 만들어지지 않았다는 것입니다. 그래서 실제로 무술을 익힐 때 필요한 것들이 많이 빠져 있습니다. 거의 모든 무술서 사료가 가장 처음에 설명하는 마음가짐과 싸움에서 익히고 있어야 할 원칙들이 있습니다. 이러한 내용을 글로 읽는 것과 직접 단련할 방법을 지도받는 것은 완전히 다릅니다. 실제로 몸을 움직이는 수련은 언제나 신뢰할 수 있는 지도자를 통해 익혀야 합니다. 이 책은 미디어가 만들어낸 무술의 환상적 이미지들에 대해 다룹니다. 자료만 보고 무술을 독학으로 익히겠다는 생각은 그중에서도 가장 현실과 동떨어진 발상이라는 점을 말씀드리고 싶습니다.

실기를 다룬 내용에 등장하는 많은 용어는 모두 한국어 번역을 기준으로 삼았으며, 원어와의 대조 및 해설을 책의 말미 용어집에 수록했습니다.

활동(motus)

막상막하의 라이벌이 싸움을 시작하고 주먹이 맞부딪칩니다.

만화에서 이런 장면이 나올 때, 보통 힘으로 서로를 압도하지 못하고 잠시 교착 상태에 머물게 됩니다.

검을 들고 싸우는 장면에서는
이러한 힘겨루기를 더 화려하게 표현하기 위해
교차한 칼 사이에 불꽃이 튀는 등
과장된 요소를 넣기도 합니다.

또 다른 관습적 표현으로,
결투자들이 싸움을 시작하기 전에 서로 멀리서 자세를 잡고 가만히 대기하는 장면이 있습니다.

상대의 빈틈이 보일 때까지 인내심을 갖고 대기하다가

마치 사마귀가 습격하듯 번개같이 칼을 휘두른다!

니가와

니가와

아주 먼 거리

...빈틈이 안 보이면 싸움은 영원히 안 끝나는 건가?

싸움의 시작이나 도중에 완전히 멈추는 순간을 끼워넣는 것은 액션물에서 많은 사랑을 받고 반복되는 연출입니다.

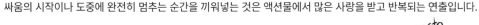

일단 멋있잖아요!

폭발적으로 움직이다가 갑자기 찾아오는 정적! 팽팽하게 끌어 올려지는 긴장감!

그리기도 즐거워♪

이런 대비는 시적인 운율을 만들고

관객들이 액션을 쉽게 이해하게 해줘요.

Contrapposto

그러나 싸움에 익숙한 사람들은 이런 연출에서 큰 위화감을 느낍니다.
그게 어떤 형태의 싸움이든 말입니다.

상대 후딜 프레임 잡았으면 때려! 왜 가만히 서 있어?

타닥 탁 탁

격투 게임 마니아

벙커링 찌르기 막았으면 역러시 달린다.

까르륵

RTS 게이머

"활동 속에서 살고, 멈추는 순간 죽는다."

되브링엔의 사제 한코가 작성한 문서는
리히테나우어의 요결과 그 해설을 다룬 싸움책 가운데
가장 오래된 것에 속합니다.
이 문서의 앞 부분에는 활동(motus)이라는 개념이 소개됩니다.

활동의 핵심은 싸움이 진행되는 동안에는 한순간도 멈추지 말고 끊임없이 움직여야 한다는 것입니다.

리히테나우어의 요결 외에도 현전하는 대부분의 싸움책은
다양한 표현으로 싸움 도중 멈추지 않고 움직이는 것의 중요성을 강조합니다.

활동은 기예의 심장!
언제나 활동 속에 거하라.

프로테우스처럼
끊임없이 모습을
바꿔라!

바다의 신. 포세이돈이나 오케아노스처럼
자유롭게 변신하는 능력을 가졌다고 한다.

『손자병법』

머리를 공격당하면
꼬리가 반격하고,
꼬리를 잡히면
머리가 움직이고,

몸통을 잡히면
머리와 꼬리가
동시에 공격하니,

군사를 다루는 것은
이처럼
뱀과 같아야 한다.

유럽의 싸움책뿐만 아니라,
타인과의 투쟁에 대해 다루고 있는 텍스트는
시대와 지역을 불문하고 같은 취지의 조언을
제공합니다.

멈추지 않고 끊임없이 움직이며 변해야 한다는 것은
투쟁의 수단과 규모가 달라지더라도 항상 적용되는 원칙입니다.

가드하면
잡아서 던지고,

콤보 들어오면
경직 프레임에
맞춰서 받아치고….

파바밧

프로토스가
조합 갖추면
다 해먹는 사기
종족이라고?

조합 갖출 때까지
방치한 놈은 뭔데?
이 징징아!

현대의 격투기, 검도, 펜싱 경기에서 선수들은 싸움이 진행되는 동안에는 계속 움직이려고 노력합니다.

경기에서는 상황에 따라 정지된 교착 상태가 발생하기도 하는데,
이것은 보통 선수의 안전과 특정한 경기 양상을 유도하기 위해 설정된 스포츠 규칙 때문입니다.

진지한 싸움에서 이상적인 경우는 싸움이 진행되는 동안
서로가 경직되어 멈추는 상황이 거의 발생하지 않는 것입니다.

공격하면서 반사적으로 도망치다가
기회를 놓치는 상황은 격투기나 비디오 게임의
입문 단계에서 흔하게 볼 수 있는 현상입니다.

즉 싸움에서 경직과 교착 상태는 자연스러운 현상이나 무술의 풍격이 아닙니다.

아직 싸움에 익숙하지 않다는 의미일 뿐이죠.

무... 무슨일이 벌어지고 있지?

머-엉

막연히 '끊임없이 움직여야 한다'는 원칙만으로는 무엇을 어떻게 해야 하는지 알 수 없습니다.
실행을 위해서는 조금 더 구체적인 지침과 예시가 필요합니다.

제대로 진행되는 싸움은 멈추지 않고 합이 교환되니까

픽션에서 표현하려면 연출에 꽤 공들여야겠어요.

뭘 어떻게 할지 모르니까

그냥 반사신경으로 움직이게 되는데….

최대한 팔을 뻗어놓고 멀리서 칼만 휘젓기

아얏 내 손!!

상대의 공격에 반사적으로 반응해 굳어버린 다리

한코 되브링어를 비롯해 리히테나우어 계열의 문서에서는 그 실행을 위한 지침으로 다섯 단어를 제시합니다.

〈먼저와 나중〉

선제공격의 유리함은 무엇이고,
상대에게 선제공격을 당할 때는
어떻게 해야 하는가?

다크소울 입문자가
꼭 기억해야 할 것.

상대가 공격할 때
반사적으로 공격
버튼을 누르지 마라!

발차기 한 방이면
턱 박살 나는 게!
까불래?

〈강함과 약함〉

상대의 강한 기세와 힘을
어떻게 다뤄야 하는가?
나는 언제 힘과 기세를 살려야 할까?

힘센 게 전부라면
사자는 진작 멸종했지.

그레비 얼룩말
평균 체중
350~450킬로그램

암사자 평균 체중
125킬로그램

일꾼 여러분,
기다렸다가
GG 치게?

〈찰나(동시)〉

먼저와 나중, 강함과 약함
사이의 전환을 어떤 타이밍에
해야 하는가?

벙커만
완성하면
이긴다!

너희들이라도
지금 당장 나가!

⚜ 먼저와 나중(Vor, Nach)

적절한 거리와 트임(Bloss, opening)을 발견했다면
망설임 없이 먼저 공격합니다.

상대는 스스로를 보호하기 위해
당연히 이 공격을 막아내야 합니다.

빈틈 발견!!

늦었다!

선제타가 제대로 성공할 경우,
공격이 막히더라도 곧바로 비어 있는
다른 트임으로 칼끝을 옮기기가 쉽습니다.

히히!
넌 다른 데로
못 가!

반면 방어하는 쪽은 몸이 굳어서 주도권을 잃고
상대의 의도에 끌려다니기 시작합니다.

?!

선제타를 날려 주도권을 잡은 쪽은 공격이 막히거나 빗나가도 개의치 않고
계속해서 비어 있는 다음 트임을 향해 후속타를 날려야 합니다.

한곳을 칼로 막으면
당연히 반대쪽이
텅텅 비겠죠?

막기만 계속해선
결국 맞을 수밖에
없습니다.

이것이 먼저(Vor) 공격에 성공하는 쪽이 누리는 유리함입니다.

'먼저'를 달성하기 위해 직접 칼을 휘두르는 후리기에만
의존해야 하는 것은 아닙니다.

눈앞에서 알짱거리는
저 칼끝이 너-무
신경 쓰인다.

힘줘서 버티지
않으면

빨리
치워내버리고
싶다!!

머리가 반 토막
날 것 같아!

상대를 압박하여 특정한 행동을 하도록 유도하면
내가 원하는 대로 상대를 끌어내 묶을 수 있습니다.

나중(Nach)은 선제공격을 당해서 불리한 입장에 처한 사람이 기억해야 하는 원칙입니다.

모든 공격 동작은 저마다의 약점을 노출합니다.
이것은 무기를 든 싸움은 물론 복싱, 레슬링, 유도 등의 맨손 싸움에도 적용되는 보편적 원리입니다.

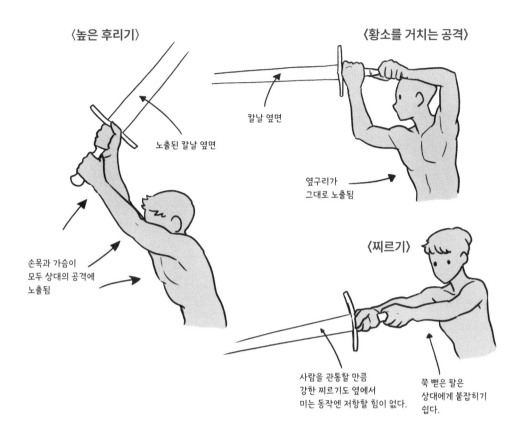

〈높은 후리기〉

노출된 칼날 옆면

손목과 가슴이
모두 상대의 공격에
노출됨

〈황소를 거치는 공격〉

칼날 옆면

옆구리가
그대로 노출됨

〈찌르기〉

사람을 관통할 만큼
강한 찌르기도 옆에서
미는 동작엔 저항할 힘이 없다.

쭉 뻗은 팔은
상대에게 붙잡히기
쉽다.

〈상대의 내려베기를 가로지르는 후리기로 맞받아친 경우〉

상대가 먼저
공격해 오면

그 공격으로 새로
나타난 약점을
노려서 들어간다!

노출된 칼날
옆면이 밀려난다.

먼저 나간 높은 후리기가
막히고 나중에 들어간
가로지르기가 명중한다.

이러한 원칙을 통해
나중에 공격하는 사람은
먼저 공격하는 사람의
의도를 방해하고
주도권을 회복할 수 있습니다.

〈주도권〉

올바르게 이루어진 선제타는
상대로부터 대응을 고를 수 있는 여유를 빼앗습니다.
즉 선제타를 통해 싸움을 원하는 대로 이끌 주도권을 얻을 수 있습니다.

공격을 공격으로 받아치라는 것은
빼앗긴 주도권을 되찾아서
불리한 상황을 뒤집으라는 의미로

상대의 공격을 기다리는 쪽이
유리하다는 말은 아닙니다.

〈바꿔지르기(Durchwechel)〉

르네상스 무술 체계에는
소극적으로 머물면서 상대의 공격과 칼의 움직임을
살피는 전사를 곤혹스럽게 하는 방법이 많습니다.

〈헛치기(Fehler)〉

〈빼내기(Zucken)〉

처음 휘두른 건
페이크다!

그러니까 상대의 칼이나
움직임을 기다리지 말고

항상 머리와 몸통의
빈 곳을 찾다가
기회가 오면
망설이지 말고 쳐라.
참 간단하고 쉽지 않나?

…참 쉽네요.
설명만 들으면.

약함과 강함(Schwech, Stark)

검의 구조를 설명할 때,
칼날을 크게 강한 부분과
약한 부분으로 나눈다고
언급했습니다.

검을 잡고 힘을 주는 손잡이

접촉 시 쉽게
밀려나는 약한 부분

접촉 시 강하게
버틸 수 있는 부분

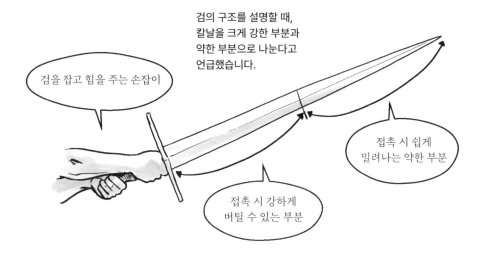

구조적 강함과 약함은 칼 같은 무기에만 적용되는 것이 아니라
맨몸으로 싸울 때, 그리고 각각의 자세에도 똑같이 적용됩니다.

힘으로 버티지 마라.
팔 빠진다.

우득

으아아아아아!

어떤 경우에 이런 강약이 생기는지 미리 알고 있으면
무술 동작과 원리를 이해하는 데 큰 도움이 됩니다.

힘을 생성하는 중심부

힘을 전달하는 말단

중심부에
가까울수록 강함

중심부에서
멀어질수록 약함

몸의 중심부에 가까우면
강하고 멀리 뻗은 부위일수록
약해집니다.

검의 약한 부위와 강한 부위도
이 원리가 적용된 거죠.

몸 중심부와
가까운 큰 근육은
쉽게 단련할 수 있지만

…쉽게?

우득

아무리 단련해도
손가락이 꺾이지 않게
강화하긴 어려워요.

싸움에서 약함과 강함은 어느 한쪽이 일방적으로 유리하거나 불리한 것이 아니라,
서로 깨뜨리는 상성으로 작동합니다.

〈약한 부위로 강한 부위와 접촉했을 때〉

위로 타 넘어 치기

떼어서 반대편으로 치기

약한 부위인 칼끝은
비록 상대의 방어에
치워지더라도 빠르게
다른 길을 찾을 수
있습니다.

칼 뒤의 무게추를
짧은 거리만 움직여도

칼끝은 크고
빠르게 움직인다.

〈강한 부위로 약한 부위와 접촉했을 때〉

상대가 칼끝을 다른 곳으로
돌리기 전에 힘으로 눌러
치울 수 있습니다.

이름 그대로 약한 부위는
힘싸움으로는 강한 부위를
이길 수 없다.

또한 자세에도 약함과 강함이 존재합니다.

〈팔이 꼬인 자세: 약함〉

〈팔이 꼬이지 않은 자세: 강함〉

오른손잡이가 칼끝을
상대를 향해 두고
손잡이를 몸 오른쪽에 두면
팔이 꼬인 자세가
되는 경우가 많고

손잡이를 몸 왼쪽에 두면
팔이 꼬이지 않은
상태가 되기 쉽습니다.

〈팔이 교차됨〉

〈교차되지 않음〉

물론 짐작하고 계시겠지만 자세의 '약함'과 '강함'도
앞서 살펴본 것과 마찬가지로 일방적인 유불리를 의미하지는 않습니다.

똑같은 태세에 있을 때에도 상대적으로 강한 위치와 약한 위치가 발생합니다.

〈정면태세, 혹은 보관이라고 불리는 자세〉

상대의 검이 나에게
닿지 않게 방어하면서
강하게 압박하는 데
사용합니다.

상대의 머리를 그대로
내려베는 듯한 느낌으로
힘을 주면

매우 강하게 상대를
묶을 수 있습니다.

사선으로 살짝 빠져나와 압박하면
똑같은 자세 사이에서도 강함과 약함이 구분됩니다.

정면을 향하는 방향으론
매우 강하지만

그 이외의 방향은
살짝만 빗겨 들어가도
취약해진다.

바보같이 힘으로
버티지 말고 즉시
상대의 약한 부분으로
쫓아갈 것!

모든 '강한' 구조의 동작과 자세에는 반드시 파고들 수 있는 약점이 있습니다.
상대의 강함을 정면으로 받아치지 말고, 부드럽게 흘려내 그 약점을 쫓아야 합니다.

인간이 완전한
구형이라면
어느 자세에서든
무조건 강할 텐데….

힘으로 맞받아치면 교착 상태가 되어 묶이고,
상대에게 쉽게 후속타를 허용하게 됩니다.

공에 자세라는
개념이 있다면. ㅋ

우앗!

상대가 정면으로 압박하고 있는 순간을 이용해서
노출된 약점을 쫓아가도록 합니다.

팔꿈치 아래가
텅 비었네!

이처럼 단순한 힘의 대결이 아니라,
강함과 약함이 서로를 잡아먹으며 맞물리는 공방도 무술을 익히는 묘미라고 할 수 있습니다.

끄으으…
이렇게 힘싸움만
하고 있을 거면

차라리
파워 리프팅으로
승부를 보는 게
낫겠다!

⚜ 찰나와 느낌(Indes, Fuelen)

강함과 약함이 서로를 제압하고, 먼저와 나중이 서로 뒤집히도록 연결해주는 개념을
리히테나우어 계열의 사범들은 찰나(동시, Indes)라는 말로 표현합니다.
그리고 무술서에서 사범들은 이 찰나를 느낌(Fuelen)과 같은 것이라고 연결시킵니다.

전초의 속임수와 기싸움을 넘어서
드디어 첫 공격이 시작됩니다!

두 사람은 이 찰나에
판단해야 합니다.

누가 먼저이고, 누가 나중인가?

먼저를 차지한 사람은 상대를 제대로 묶기 위해

처음 노렸던 트임을 깊게, 끝까지 후려서 제압하고, 후속타의 기회를 만듭니다.

나중의 입장인 사람은 상대의 공격에 묶이지 않도록 치우며

상대의 의도를 방해해서 후속타의 위기를 끊어야 합니다.

이러한 찰나의 판단이 이루어지지 않는다면 어떤 일이 발생할까요?

어떻게 되긴… 그냥 막싸움되는 거지.

기술 없이 힘과 반사신경에 의지해서 싸우는.

절래 절래

그… 그런가요?

〈자신이 '먼저'의 입장임을 찰나에 파악하지 못한 경우〉

먼저의 입장을 차지했음에도 불구하고 상대를 자신 있게 묶고 압박하지 못하고
서둘러 빠르게 연타하는 등의 행동을 하게 됩니다.
상대는 묶이지 않고 자유롭게 행동할 수 있습니다.

〈자신이 '나중'의 상황임을 찰나에 판단하지 못한 경우〉

나중인 사람의 과제는 상대의 의도를 방해하는 것입니다.
방해할 수 있는 행동 이외의 모든 조치는 스스로를 위험에 노출시킵니다.

전초에서 '먼저'와 '나중'을 찰나에 파악해서 해야 할 일을 무사히 해낸 두 사람은
칼을 교차하고 싸우는 교전 단계에 돌입합니다.
이 단계에서 찰나는 느낌과 같은 것이라고 설명됩니다.

느낌으로 파악해야 할 것은 바로 앞선 '먼저와 나중' '강함과 약함' 주제에서 다루었던 요소들입니다.

마찬가지로 자신의 검이 상대의
검과 충돌하는 찰나에
앞서 언급한 모든 정보를 단번에 느낄 수 있습니다.

이 녀석!
이대로 날 묶으러
밀고 들어올
작정이군!

오른쪽으로
빠지면서
흘려야겠다!

지금은 내가
나중이군!

칼 중간이 닿아서
찌르기도 베기도
애매하잖아?!

이대로 밀고 들어가서
묶어야겠다!

그리고
이 상황에선
내가 먼저다!

이 모든 정보와 대응이
칼을 접촉하는 찰나에
이루어진다!

그리고 찰나와 느낌을 통해서 먼저와 나중, 강함과 약함의 관계가 뒤집힙니다.

이번에는
내가 먼저,
묶는 쪽이다!

왼쪽 위로 들어가면
방어할 수밖에 없겠지!

아잇! 안 묶이고
빠져나갔잖아?!

이번에는
내가 나중이군!

받아치기로
방해해야겠어!

이러한 상황 판단도 모두 찰나에 이루어진다!!

찰나와 느낌을 사용한다는 원리 때문에,
근접 무기 싸움은 원거리 무기 싸움과 근본적으로 달라집니다.

화살을 비처럼
퍼부어야징!

총싸움을 잘하려면
일단 총을 든 친구를
더 많이 데려오고

짧은 시간 동안
많은 총알을 퍼부을 수 있는
총을 가져온다.

한 발 한 발이 치명적인 원거리 무기는
최대한 짧은 시간 동안 많은 공격을
쏟아붓는 것이 중요합니다.

한편 근접 전투에서 상대를 묶을 수 있는
제대로 된 공격은 두 사람의 근력과 기량에 의존합니다.

나의 비기
전기톱 후리기!!

붕
붕
붕

가까이 오지도
못하겠지?!

몰아치기 위해 무작정 빠르게 연속 공격을 해서는 상대를 제대로 묶을 수 없고,
찰나와 느낌도 사용할 수 없습니다.

찰나와 느낌을 통해 상황을 파악해야 한다는 원리 덕분에,
근접 전투는 서로 상대의 의도에 대한 반응을 주고받게 됩니다.
이는 마치 춤을 추듯 자연스럽게 합을 이루는 템포를 만들어냅니다.

⚜ 묶기(Binden)

전투를 다루는 비디오게임을 하다 보면 '딜 교환'이라는 상황을 자주 맞게 됩니다.
적의 반격을 그대로 버티면서 공격하고 적에게도 피해를 입히는 소모전을 가리키는 말입니다.

많은 게임에서는 이러한 소모전을 피하기 위해 상대의 행동을 봉쇄하는 기술,
일명 CC(crowd control)기를 제공합니다.

※ crowd control은 군중을 제어한다는 의미지만,
게임 용어로 쓰일 때는 단일 대상에게 적용되는
기술을 가리키기도 합니다.

현실의 근접 전투, 특히 검같이 치명적인 무기를 든 상황에서
게임의 '딜 교환'을 재현한다면 매우 끔찍한 일이 벌어질 것입니다.
그것은 아무런 방어도 없이 서로를 난도질하며 죽어가는 상황입니다.

하지만 현실의 싸움에서는 게임과 달리 상대를 꼼짝 못하게 만드는 마법의 힘, 사이킥 파워,
순식간에 퍼지는 외계진균 같은 기술을 쓸 수 없습니다.
하지만 그와 비슷한 역할을 하는 개념이 있으니, 바로 묶기(Binden)입니다.

현실의 근접 전투에서 '묶기'는 상대가 반드시 반응해야 하는 위협을 통해서 이루어집니다.

문제 1: 당신의 칼이 없는 곳을 향해서

정확한 궤적의 공격이 당신을 반으로 갈라버릴 기세로 날아오고

뒷걸음질 쳐도 공격의 범위에서 완전히 벗어날 수 없는 상황이라면?

정답: 어떻게든 막는다. 죽기 싫으면.

문제 2: 당신의 비어 있는 얼굴을 그대로 관통할 수 있는 거리에서 곧장 찌르기가 날아온다면?

다른 수단으로 위협을 피할 수 없을 때 사람들은 방어를 합니다.

상대는 위협을 방어하느라 몸이 묶여서 원래 속임수를 쓰거나 공격할 수 있었던 자유로운 순간을 빼앗기게 됩니다.

위협이 없을 때는 자유롭게 행동할 수 있다.

위협에는 우선 대응해야만 한다.

반대로 상대에게 위협을 주지 못하는 동작은
아무리 빠르고 강하고 화려해도 상대를 묶는 역할을 제대로 해낼 수 없습니다.

상대를 위협할 수 없는 거리

성공적인 공격으로 상대를 묶었다면 그 찰나에 상대의 다른 트임으로 후속 공격을 이어갑니다.

상대의 왼쪽 아래 대각선 방향을 노리는 공격으로
방어 자세를 이끌어내 묶은 상황.

상대가 묶인 찰나에
바로 새롭게 드러난
머리의 트임을 공격합니다.

꼭 머리가 아니더라도
그 상황에서 가장 빠르게
칠 수 있는 곳으로
가면 됩니다.

아니?? 근데 너는
어떻게 지금 칼을
떼어낼 수 있어요??

근접 전투에서의 묶기는
외부 압력에 대한 신체의 반사 행동을 이용합니다.

난 안 밀린다!

외부에서 힘이 가해질 때,
사람은 버티기 위해
그에 저항할 수 있는
방향으로 힘을 줍니다.

이 상황에서 외부의 압력이 갑자기 사라진다 해도

저항하던 힘을 곧바로
거둬들이기는 어렵습니다.

따라서 짧은 순간 이 사람은
외부 힘에 저항하던 방향으로 묶이게 됩니다.

그래서 제대로 묶는 법을 알면
자유롭게 칼을 떼어내거나 헤집어가며
공격할 수 있습니다.

방어 동작 때문에
왼쪽 측면으로 묶임

상대의 힘이 위쪽에서
버티는 방향으로 묶였을 때
아래로 태클

맨손으로 싸우는 경우에도
똑같은 방식으로 상대를 묶어서
유효한 공격을 넣을 수 있는 트임을 만들 수 있습니다.

'묶기'는 서로의 칼이 접촉한 상태를 가리킨다고 오해하는 사람들도 있습니다.

잘못된 오해를 바탕으로 이루어진 행동의 결과는 항상 비참합니다.

묶이지 않은 상대에게 연속 공격을 하면,
공격마다 노출되는 약점으로
상대가 쉽게 파고듭니다.

무기를 서로 접촉한 상태라면 즉시 상대를 제대로 묶기 위해 행동해야 합니다.
방법은 똑같습니다. 상대의 노출된 틈임을 위협할 수 있는 압박을 줍니다.

칼을 치우면
내 머리가 바로
쪼개지겠어!!

칼끝이 옆구리로?!
막아야 해!!

아니 그럼…
방어할수록 불리한 거
아닌가요?

역시 속된 말로
'선빵필승'이
진리인가요?

그래서 상대에게 묶이지 않는
'좋은 방어'를 해내는 게
중요합니다.

⚜ 거리

거리에 대한 이해가 없다면 효과적으로 싸울 수 없습니다.
근접 전투에서 거리를 판단할 때는 우선
사용하는 무기의 유효 사거리를 알아야 합니다.

펀치가 충분한
타격을 전달하려면

펑

목표물이 주먹을
끝까지 뻗은 거리보다
더 안쪽에 있어야 합니다.

맨손, 검, 창, 총, 대포 등등등
어떠한 무기를 사용해 싸우더라도
원리는 비슷합니다.

ㅋㅋ 톡

목표가 뻗은 검의
끝에 걸려 있을 때는
피해를 주기 어렵지만

슉

그보다 살짝 가까이 있을 때는
확실하게 베거나 찌를 수 있습니다.

167

⟨접근의 딜레마⟩

그래서 동등한 무기를 가진 양측이 싸울 때는 항상 딜레마가 생깁니다.
상대에게 피해를 입히기 위해서는 충분히 가깝게 접근해야 하는데, 그러면 자신도 상대의 공격에 노출됩니다.

서로 칼을 뻗었을 때
손이 맞닿는 거리까지는
접근해야 공격할 수 있는데….

거기서는 상대도
마찬가지로 나를
공격할 수 있습니다.

레이피어처럼
멀리서 찌를 수 있는
무기도 마찬가지입니다.

그래서 무술을 익히지 않은 사람들끼리 겨룰 때에
서로 접근하지 못하고 멀리서 무기만 휘두르는 모습을 자주 보게 됩니다.

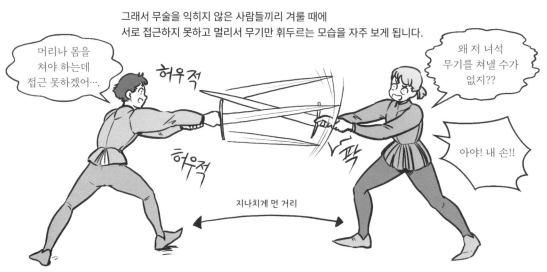

머리나 몸을
쳐야 하는데
접근 못하겠어….

허우적

허우적

왜 저 녀석
무기를 쳐낼 수가
없지??

아야! 내 손!!

지나치게 먼 거리

의미 있는 공격을 할 수 있는 거리로 접근하면서
상대의 공격으로부터 안전할 수 있는 방법을 익히는 것이
무술의 시작이라고 할 수 있습니다.
이에 관해서는 뒤에서 자세히 다룰 것입니다.

수… 순간 이동?!

장검으로 싸우는 법을 다룬 무술서를 기준으로
싸움 도중의 거리를 크게 세 덩어리로 나눠볼 수 있습니다.
표현은 달라도 근접 전투를 다룬 체계는 비슷한 개념을 공유합니다.

1. 전초(Zufechten)

양측이 접근하다가 의미 있는 공격이 가능한 지점까지 도달하는 상태.
요아힘 마이어는 장검으로 싸울 때, 의미 있는 공격이 가능한 거리를 1페덤으로 제시했습니다.
이는 약 1.8미터가 조금 넘는 거리입니다.

이 거리에서 머뭇거리면
굉장히 위험한 공격을
받아내야 합니다.

일단 공격 가능한 거리에
도달하면

머뭇거리지 말고 즉시
빈 트임을 향해 공격을!

전초는 서로의 칼이 엮이지 않아 자유롭게 움직일 수 있고,
싸움을 유리하게 시작하기 위해 속임수와 견제가 치열합니다.
전초를 안전하게 통과하는 원칙으론 상반된 두 방향이 제시됩니다.

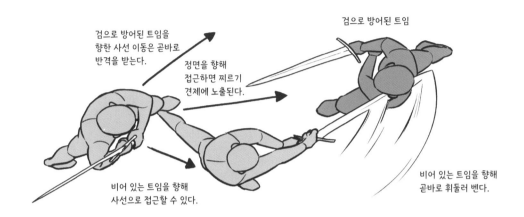

검으로 방어된 트임을
향한 사선 이동은 곧바로
반격을 받는다.

정면을 향해
접근하면 찌르기
견제에 노출된다.

검으로 방어된 트임

비어 있는 트임을 향해
곧바로 휘둘러 벤다.

비어 있는 트임을 향해
사선으로 접근할 수 있다.

1) 상대의 방비되지 않은 트임을 향해 즉시 선제공격하기.
사선으로 접근해 좌측이나 우측의 비어 있는 트임을 노립니다.
주로 장검, 핼버드처럼 휘둘러 베는 무기를 들고 싸울 때 제시되는 방법입니다.

먼저
공격해주시죠.

베기를 시도하면 상대의
찌르기 반격에 쉽게 붙잡힌다.

상대의 선제공격을 이끌어내는
움직임이 필요한 상황

그쪽이야말로
먼저…

2) 두 사람이 레이피어나 창 같은 무기를 들고 싸울 때에는
반대로 상대방의 선제공격을 기다려서 반격하는 것을 더 안전하게 여깁니다.
전초에서 사선 이동을 하며 선제공격을 하는 것은 오히려 위험합니다.

2. 교전(Krieg)
전초에서 공격을 시작해 칼이 교차된 거리입니다.
두 사람이 이미 서로에게 상해를 입힐 수 있는 거리 안에 있으며 치열하고 끊임없는 공방이 교환됩니다.

이 단계의 싸움은 가장 정신없이 빠르게 진행됩니다.

칼의 위치, 의도, 유불리가 아주 빠르게 전환되거든요.

내가 아주 쩌는 얘기를 길게 나누고 싶은데.

칼을 맞댄 지금 이 순간이 딱 좋은 기회 같아!

3. 이렇게 뒤로 멀리 칼을 빼내서 치려고 하면 즉시 적의 반격에 노출된다.

2. 칼을 빼내서 다른 곳을 칠 때 짧은 거리를 움직여야 한다.

1. 상대가 내 공격을 성공적으로 방어했다.

교전하는 두 사람이 가깝게 붙어 있기 때문에 작가들은 이 순간에 대사를 많이 붙여주곤 합니다. 실제 칼싸움에선 매우 위험한 연출입니다.

되브링어는 이 단계에서 칼끝이 상대의 머리나 가슴에서 반 엘(el)거리 밖으로 나가지 말아야 한다고 설명합니다.
이는 현대의 단위로 약 23센티미터 정도입니다

그러니까 칼을 빼내서 다른 곳을 공격하려 할 때

칼을 뒤쪽으로 빙 둘러서 치려고 하면 안 된다는 말입니다.

교전 단계의 빠른 국면 전환과 거기서 살아남기 위한 요령은
어떠한 무기를 사용한 싸움에서도 동일하게 적용됩니다.
두 사람이 서로를 해칠 수 있는 거리 안에 들어온 이상
머뭇거림은 즉시 위험으로 연결됩니다.

3. 씨름(Ringen)

전초에서 달려들어 공격하거나 그것을 받아칠 때,
교전 단계에서 상대를 위협할 수 있는 위치를 잡기 위해 움직일 때,
두 사람은 무기의 교차를 넘어서 서로의 신체가 닿을 거리까지 접근하기도 합니다.

진지한 싸움에는 반칙이 없습니다!

당연한 얘기지만 이렇게 직접적인 신체 접촉으로 이어지는 싸움은
더 긴 무기를 들고 싸울 때에도 나타납니다.

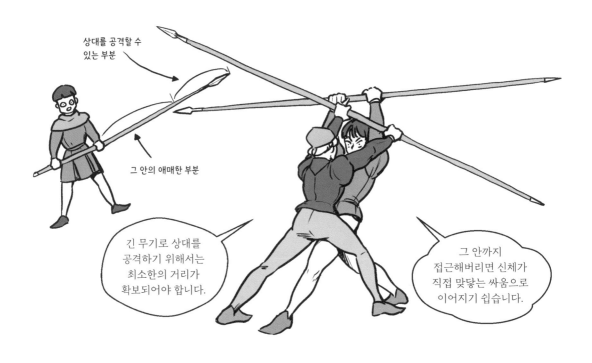

그리고 단검처럼 짧은 무기를 들고 싸울 때는
교전 단계에서 무조건 신체를 서로 접촉시켜야만 안전을 확보할 수 있습니다.

서로 다른 길이의 무기로 싸우는 상황에서는 앞에서 다룬 단계들을 응용합니다.

짧은 무기로 긴 무기를 상대하려면 교전 단계로 넘어갈 수 있는 기회를 노려야 합니다.
그것은 상당히 어려운 과제입니다.

⚜ 걸음

무술을 다루면서 제대로 서고 제대로 걷는 방법에 관심을 기울이지 않는 사람은 없습니다.
이는 상대와의 거리를 조절하고, 안정적으로 서고,
공격과 방어에 충분한 힘을 발휘하기 위해 꼭 익혀야 하는 것입니다.

르네상스 무술을 다룬 많은 사료에는 다양한 걸음 및 걷고 서는 방법에 대한 조언과
그에 관련된 수많은 삽화가 존재합니다.

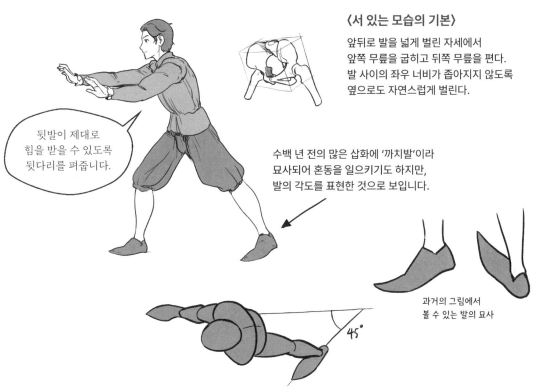

〈서 있는 모습의 기본〉

앞뒤로 발을 넓게 벌린 자세에서
앞쪽 무릎을 굽히고 뒤쪽 무릎을 편다.
발 사이의 좌우 너비가 좁아지지 않도록
옆으로도 자연스럽게 벌린다.

뒷발이 제대로
힘을 받을 수 있도록
뒷다리를 펴줍니다.

수백 년 전의 많은 삽화에 '까치발'이라
묘사되어 혼동을 일으키기도 하지만,
발의 각도를 표현한 것으로 보입니다.

과거의 그림에서
볼 수 있는 발의 묘사

45°

양발을 연장한 각도는 대략 45도,
체중은 좌우 어느 한쪽으로 치우치지 않도록 합니다.

〈무릎 굽히는 방향 바꾸기〉

기본적인 서 있는 자세에서
발을 떼지 않고 몸을 회전하며,
아주 빠르게 상대와의 거리를
조절할 수 있습니다.
많은 공격과 방어 동작이 여기서 출발합니다.

겉보기 동작은 발과 다리의
움직임이지만, 실제 동작은
골반의 방향을 회전시키는
코어의 작용입니다.

발 앞꿈치를 땅에 고정하는
축으로 사용합니다.

〈열린 발〉

기본적인 서 있는 자세에서 뒤쪽 발을 바깥을 향해 회전합니다

강건하게 밀거나 버틸 수 있는
기본적인 서는 모양과 반대로
발을 열어놓으면 상대의 힘을
흡수하고 흘려내기에 좋습니다.

〈세 종류의 회전〉

이탈리아에서 활동한 사범 피오레가 남긴 사료는 세 종류의 회전을 통한 걸음을 다룹니다.
부르는 이름은 다르지만, 이 동작들을 다른 사범들이 남긴 책, 전투를 묘사한 그림에서도 확인할 수 있습니다.

〈기본 서기〉

〈안정된 회전
(volta stabile)〉

두 발을 땅에 붙인 상태에서
앞 무릎을 펴고 뒷 무릎을
굽힙니다. (앞 페이지의 위쪽
삽화에서 설명한 동작입니다.)
앞쪽 측면을 향하고 있던 상체가
뒷쪽 측면으로 회전합니다.

〈완전한 회전(tutta volta)〉

한쪽 발을 반대편 발 너머
사선 방향으로 교차시켜
딛습니다. 몸이 향하는
방향이 180도 회전합니다.

〈절반의 회전(mezza volta)〉

뒤에 있던 발이 앞쪽 발을 지나쳐
전진합니다. 몸이 향하는 방향의
좌우가 바뀌며, 각종 공격이
이 걸음과 함께 이루어집니다.
지나가는 걸음(passing step)과
같은 동작입니다.

뒤꿈치를 축으로
움직이면
상체를 회전시키기
힘들어져요.

정면이 아니라 사선 방향으로
발을 뻗어 이동하는 것도
자주 사용합니다!

회전축을 발의 앞꿈치에 둔 상태로 움직여야
몸 전체가 발의 움직임을 따라가게 됩니다.

〈모으는 걸음, 쫓아가는 걸음〉

몸의 방향을 회전시키지 않는 움직임입니다.

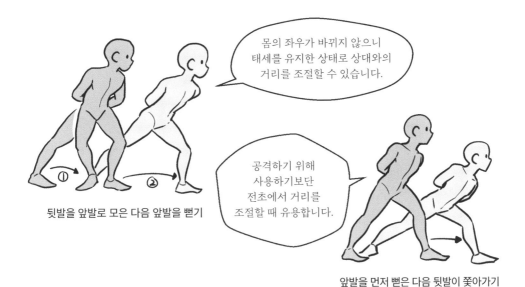

몸의 좌우가 바뀌지 않으니 태세를 유지한 상태로 상대와의 거리를 조절할 수 있습니다.

공격하기 위해 사용하기보단 전초에서 거리를 조절할 때 유용합니다.

뒷발을 앞발로 모은 다음 앞발을 뻗기

앞발을 먼저 뻗은 다음 뒷발이 쫓아가기

〈앞발을 길게 뻗기〉

안정된 회전과 비슷해 보이지만 처음 서 있는 자세에서
상체의 방향이 회전하지 않습니다.

상체와 검에 힘이 강하게 들어가지 않지만

그렇기 때문에 상대의 강한 공격을 부드럽게 흘려낼 수 있습니다.

〈꼬인 발 딛기〉

동서양의 많은 그림과 무술서에서 보편적으로 찾아볼 수 있는 발 모양입니다.

혹은 절반의 회전(지나가는 걸음)을 하면서
뒷발이 각도를 그대로 유지한 상태로 앞으로 나온다.

완전한 회전으로 앞발이
뒤로 빠지면서 앞에 남겨진 뒷발이
그대로 각도를 유지한다.

앞쪽 다리의 구조를 단단하게 해줘서
순간적으로 굳건하게 버틸 힘을 줍니다.

무슨 자세든 거기서
계속 머무르지 말고

곧바로 다음
동작으로
연결할 것!

발을 바깥으로 돌리면서
햄스트링이 팽팽하게
장전되는 것이 느껴집니다.

안정된 회전, 절반의 회전 등으로
쉽게 다음 동작으로 연결할 수 있습니다.

〈모든 공격은 좋은 걸음과 함께〉

모든 공격과 방어는 거기에 맞는 걸음과 함께해야만
상대를 제압하거나 자신을 보호할 수 있습니다.

공격 방향과 반대로
발을 내딛으면

오른쪽에서
출발하는 베기를

왼발을 앞으로 보내면서
하니까 어색하다….

공격이 짧아지고
위력도 형편없습니다.

오른쪽에서
시작하는 공격은

오른발을 같이
내딛으면서!

처음에는 왼발이
앞에 나와 있다.

오른발을 앞으로
보내면서 공격한다.

왼쪽에서 시작하는 공격은
왼발을 앞으로 보내면서!

처음에는 오른발이 앞에 나와 있다.

왼발을 앞으로 보내면서 공격한다.

〈도약은 금물〉

많은 창작물에서 두 발을 모두 땅에서 띄운 도약으로 상대를 공격하는 장면이 나옵니다.
그러나 이런 동작은 매우 위험합니다.

상대의 강한 공격에 맞서거나
상대를 묶을 수 있는 강한 공격을 할 때는
발을 디딘 땅이 받침대가 되어줍니다.

부딪친 검의 반발력

지면의 반발력이
상대의 압력에 저항하는
힘을 만들어준다.

뒷다리를 굽히지 않고
똑바로 펴서 땅을 강하게 밀수록
땅으로부터 더 큰 반발력을
얻을 수 있어요.

더 먼 거리에서 공격을
시작하기 위해 두 발을
공중에 띄워 도약하면
지면의 반발력을 쓸 수
없습니다.

부웅

헐?!

공격에 필요한 힘은
체중을 쏟아붓는
걸로 해결한다!

지구의 중력이
곧 내 편이야!

〈달려들기(Einlaufen)로 도약에 대응한 경우〉

도약한 사람은 상대가 제대로 방어했을 때
이를 누르고 제압하기에 충분한 힘을 발휘할 수 없습니다.

으응?

중력은 아무래도
내 편인 것 같은데요?

충돌 지점에서
서로에게 반작용이 발생

땅에 발을 붙이면
충돌의 반작용을
지면의 반발력으로
흡수할 수 있습니다.

두 발이 땅에서 떨어진 사람은
외력이 가해졌을 때 곧바로
균형을 잃는다.

끄으응….

멀리서 칼끝 대기 대회

도약하면서 칼을 휘두르는 행위는
상대를 제압할 필요도, 자신의 안전을 지킬 필요도 없이
오직 칼을 상대의 몸에 대는 것만이
목적일 때 의미가 있습니다.

콰아아

건담처럼
몸 여기저기에
분사구를 달아서

공중에서 가속하고
자세를 바꿀 수 있다면
쓸 만하겠네요!

⚜ 트임(Bloss)

다시 익숙한 영화와 만화 속 상황으로 돌아가보겠습니다.

상대의 자세가
너무 완벽해서
들어갈 틈이 없군….

그런데…
이 상황 어딘가
익숙하지 않아?

휘오오오오-

분명 활동(motus)
주제에….

이야기 속 검객들은 자주 '상대의 빈틈'에 대해 이야기합니다.
정말 당연한 말이지만 공격이 성공하기 위해서는
공격이 제대로 들어갈 수 있는 장소를 찾아야 합니다.

〈칼〉
- 고기를 잘 자름

아니,
그런 장소가
따로 있나?

아무 데나
칼 푹 찍으면
다 들어가는 거
아냐?

상대가 인형도
아닌데 그걸 가만히
내버려둘까?

〈때릴 곳의 후보〉

칼을 들고 서로 맞서 싸우는 상황에서,
사범들은 찌르고 벨 수 있는 장소를 분할해서 제시했습니다.
소소한 디테일 차이가 있지만, 그 분할은 대체로 옆에 나온 것과 같습니다.

정수리에서 사타구니를 잇는
중앙선을 기준으로 오른쪽과 왼쪽

이렇게 칠 수 있는 곳을
총 네 구역으로 나누고

허리와 골반을 기준으로
위쪽과 아래쪽

나중에 방어에 대해
얘기할 때 또
나올 거예요.

상대의 무기가
막지 못하는 곳을
찾아 공격합니다.

목표물을 한 덩어리로 묶어서 보지 않고 이렇게 적절히 분할하면
뭉뚱그릴 때는 의식하기 어려운 것을 찾을 수 있습니다.

〈분할 없음〉

나도 칼 있거든?
들어오기 무섭지?

〈분할해서 볼 때〉

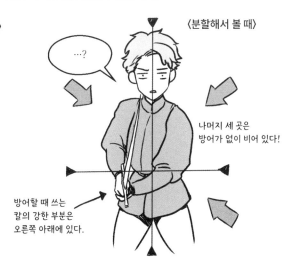

…?

나머지 세 곳은
방어가 없이 비어 있다!

방어할 때 쓰는
칼의 강한 부분은
오른쪽 아래에 있다.

이렇게 분할하여 보면,
무기를 들고 상대의 접근을 막기 위해
견제하는 노력을 할 수는 있지만
전신을 동시에 방어하는 것은
불가능함을 알 수 있습니다.

어어?!

빈 곳으로
칼 들어가는데
왜 방어 안 함?

그냥 맞아라….

비어 있는 곳으로
공격이 들어오면
아무래도 무시하기
어렵죠.

무기로 방어되는 곳

비어 있는 곳

이렇게 무기로 방어하지 못하고
노출되어 있어서 그대로 공격을
넣을 수 있는 빈 곳을 트임
Bloss, opening)이라고 부릅니다.

비어 있는 곳

비어 있는 곳   비어 있는 곳

아니… 그럼
치려고 들어갈 곳이
이렇게 많은데

방어 행동을
하든가

대체 '빈틈이 없다!'
운운하는 연출은 어디서
나온 거예요?

아니면 죽어야죠.

〈트임의 기출변형〉

검 한 자루만 들고 자신을 방어해야 하는 상황만 있는 것은 아닙니다.
상황에 따라 접근하면서 바로 칠 수 있는 트임도 달라집니다.

트임

방패를 같이 사용하는 경우
동시에 여러 트임을 가릴 수 있습니다.

방패로 막힘

검으로 막힘

트임

손방패로는 전초에서
트임을 가리기 어렵습니다.
검 한 자루로 방어한다고
생각하고 싸우세요.

버클러 같은
작은 방패도요?!

검으로 막힘

트임

트임

트임

15세기 이후의 전신갑옷은 평복싸움에서 드러나는 트임을 극적으로 가려줍니다.

절그럭

그럼 갑옷은 어때?

칼을 몸의 중심에 놓고 짧게 잡는
피오레의 '짧은 태세(posta breve)'는
갑옷을 입은 싸움에 유용하다 해설됨

칼을 여기 두니
안정감이
느껴져….

전초에서 노릴 수 있는 트임은
눈구멍, 겨드랑이, 목 아래,
사타구니, 팔꿈치 안쪽 등으로
몸의 중앙부에 가깝게 모여 있습니다.

〈트임의 기출변형 2 - 중앙의 트임을 노려야 하는 경우〉

전신갑옷을 입은 경우말고도 좌우의 트임을 노리기 곤란한 상황이 있습니다.
상대가 멀리서 찌르기로 접근을 견제하기 좋은 무기를 들고 싸우는 경우입니다.

어디 한번
휘두르면서
들어와보든가?

아오 진짜!
치사해서…!@!#!

살.짝

다
다
다
다

ㅋㅋㅋ 재밌네.
돌아라 돌아!

이런 무기를 상대할 때는 측면의 트임을 찾기 위해
사선으로 돌아가는 것도 쉽지 않습니다.
작은 움직임만으로 사선 이동을 차단할 수 있기 때문입니다.

아오오!!!

그래서 이런 무기로 서로 싸울 때는
중앙의 트임을 만들어서 들어가야 합니다.

혹시 몰라서
왼쪽 방어용
단검도 챙김. ㅋ

하지만 칼을
중앙에 잘 두고 있는데
어떻게 뚫을겨?

머리,
목 찌름,
손목….

검도 경기에서
중단세가 중요한 것도
허용된 트임이 모두 중앙에
모여 있어서겠죠.

제한된 트임을 거의 완전히 틀어막을 수 있는 무기에 맞서 싸울 때는
상대가 스스로 그 자세를 무너뜨리도록 유도하여
새로운 트임을 만들어냅니다.

일단 접촉을 만들어낸 이후에는
서로가 즉시 상대의 새로운 트임을 찾아
쫓아 들어갈 수 있습니다.

좋은 방어와 나쁜 방어

비디오 게임 〈다크소울〉 시리즈, 〈엘든링〉을 플레이해본 분들은 '패링'이라는 방어 동작을 기억하실 것입니다.
적이 공격해 올 때, 정확한 순간에 패링을 성공하면 적은 경직되어 묶이고,
플레이어가 안전하게 공격할 수 있는 기회를 얻는 시스템입니다.

상대에게 공격당했을 때 묶이지 않고, 오히려 방어를 통해 상대를 묶어버리는 이런 시스템은
실제 무술서에서 사범들이 설명하는 '좋은 방어'와 닮았습니다.

〈나쁜 방어〉

근접전투에 익숙하지 않은 사람들은 위협으로부터 멀리 벗어나고 싶어 합니다.
그래서 상대의 무기를 자신의 몸으로부터 가능한 먼 곳으로 치워버리는 방식으로 방어를 시도합니다.

으이이익!!
저리 가!!!

팡

머리가 위험해!!

깡

하지만 이런 식으로 행동하면 몸이 경직되고 자신의 무기도 상대로부터 멀어집니다.

어떻게 이렇게
가까이 오셨어요?

…치우는 칼이
없어져서
안전하게 왔지요.

탑

이렇게 칼끝이 길을 잃고
엉뚱한 곳으로 날아가면
상대에게 위협을 주지 못합니다.

즉 상대의 무기를 노려서 쳐내는 것은 위협에 대처하는 인간의 자연스러운 반사행동이지만,
실제 근접전투에서는 전혀 방어가 되지 않는 위험한 동작이라는 얘기입니다.

비디오 게임에서는 플레이어에게 시각적으로 잘 전달되는 표현, 높은 위험을 감수하는 선택과
그에 따른 높은 보상을 마련하기 위해 이러한 모션과 시스템을 사용합니다.

〈좋은 방어는 상대를 묶는다〉

〈다크소울〉 등의 비디오 게임에서 표현된 '패링'의 표현이
실제와 부합하는 점은 바로 상대를 묶어 경직시킨다는 것입니다.
현실의 싸움에서 상대를 묶는 방법은 이전 주제에서 상세하게 다루었습니다.
상대가 반응할 수밖에 없는 위협만이 그를 묶어둘 수 있습니다.

먼저 공격한 쪽은 상대의 머리를 향해
수평으로 가로질러후리기를 날렸다.

공격이
치워지는 지점

나중에 방어한 쪽은 꺾어
후리기 동작을 통해 상대의
공격을 흘려내고

상대가 공격하면서
노출시킨 아래쪽 트임을
베거나 찌른다

먼저 시작된 공격은 방어자가
휘두른 검의 '강한 부분'에 치워져
목표에 닿지 못한다.

이제는 내가
후속 공격을
할 차례네?

큭!!

이러한 위협에 대항해서 처음 공격했던 사람은
원래 의도했던 공격을 포기하고,
상대의 위협을 막기 위해 방어를 해야 합니다.

즉 훌륭한 방어, 현실의 패링은
한 번의 동작으로 상대를 경직시키고
'먼저'의 주도권을 빼앗아 오는 것입니다

〈빗겨내기(Absetzen)〉

빗겨내기는 상대가 찌르기를 할 때 내 칼을 가져다 대서 상대가 원래 의도한 궤적에서 이탈시킵니다.
빗겨내기를 완료하면 방어자가 맞찌르기로 공격자의 찌르기를 안전하게 반격하는 형태가 됩니다.

빈틈 발견!

공격자가 정확한 거리에서 트임을 향해
칼을 뻗어 찌르기를 시도한다.

방어자는 나중의 입장에서
여기에 대응한다.

!!

찌르기는 칼을
옆으로 가져다 대면
쉽게 빗겨 나가지롱!

공격자의
찌르기 방향

공격 방향에서 사선으로
빠져나가면서 처리합니다.

검의 강한 부분을 옆면에 가져다 대서
공격자의 찌르기를 측면으로 이탈시키고
자신의 칼끝은 그대로 공격자를 찌릅니다.

⟨치우기(Versetzen)⟩

상대의 후리기를 붙잡아 원래 목표에서 이탈시킬 수 있도록 맞서 후리기를 합니다.
상대의 공격이 시작될 때 아예 그것이 완료되지 못하도록 끼어들면서
공격자가 역으로 방어해야 하는 입장에 몰리도록 묶어버립니다.

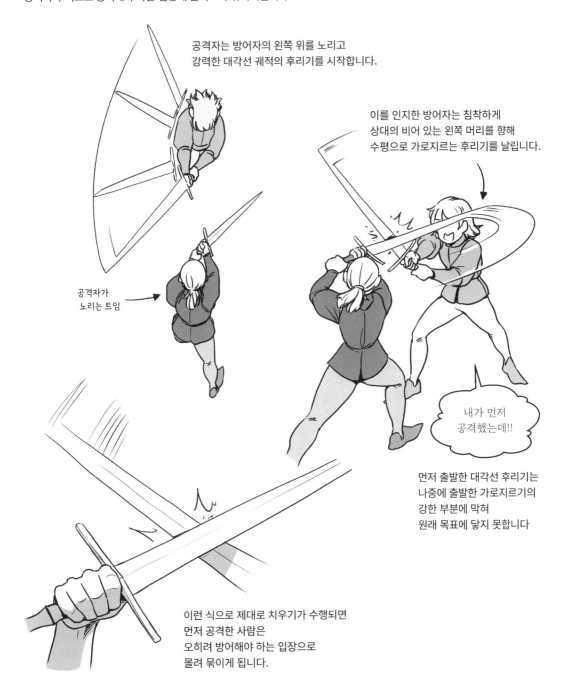

공격자는 방어자의 왼쪽 위를 노리고
강력한 대각선 궤적의 후리기를 시작합니다.

이를 인지한 방어자는 침착하게
상대의 비어 있는 왼쪽 머리를 향해
수평으로 가로지르는 후리기를 날립니다.

공격자가
노리는 틈

내가 먼저
공격했는데!!

먼저 출발한 대각선 후리기는
나중에 출발한 가로지르기의
강한 부분에 막혀
원래 목표에 닿지 못합니다

이런 식으로 제대로 치우기가 수행되면
먼저 공격한 사람은
오히려 방어해야 하는 입장으로
몰려 묶이게 됩니다.

제대로 수행되는 치우기 공격은 위협받는 트임을 가리는 궤적을 거쳐가는 것을 통해 방어를 성립시킵니다.

높은 트임에 대한 가림

낮은 트임에 대한 가림

주의할 것은 이 자세를 만들어서 공격을 막는 게 아니라는 겁니다.

오른쪽 높은 트임

왼쪽 높은 트임

오른쪽 낮은 트임

왼쪽 낮은 트임

적절한 치우기를 할 때, 칼이 이 모습을 거쳐가는 거죠!

정확한 동작을 통해 상대의 공격을 흘려낸다면

공격의 충격을 흡수하면서 유연하게 움직일 수 있습니다.

활동 주제에서 얘기한 대로 멈춰서 막으면 죽고

흘려내며 움직여야 살 수 있습니다.

흔히 '공격을 통해 방어한다.'라는 개념은 '방어하지 않고 오직 공격만 한다.'라는 의미로 오해받는 경우가 많습니다.
그러나 어디까지나 '나쁘고 위험한 방어'가 있을 뿐입니다.
올바르고 안전한 방어법을 익히는 것은 무술 수련에서 매우 중요한 과제입니다.

무술을 배우는
첫 번째 목적이
뭐다?!

내가 안 다치고 안 죽고
무사히 살아 나가는 겁니다!

당연히
만화 소재를….

방어법을 모르는
놈이 무술을 한다고
할 수 있겠냐?!

아닙니다!

〈소울 시리즈〉에서는 주인공의 뒷모습에
가려지는 것을 감안해서 적 캐릭터의 덩치도
주인공보다 훨씬 크다.

실제 무술에서 사용하는 방어 동작은 상대적으로 움직임이 작고 섬세합니다.
따라서 비디오 게임, 영화 등의 매체에서 사용할 때는 많은 변형이 가해집니다.

몸 밖으로
크게 에둘러 가는
게임 속 모션

영화에서는 누가
유리하고 불리한지
쉽게 보여줘야 합니다.

동작은 크게,
박자는 절도 있게!

주인공의 등 뒤에서
바라보는 시점의
게임에선

캐릭터의 움직임이
주위로 크게 돌아가야만
플레이어에게 상황을
전달할 수 있습니다.

액션 연기를 위한 〈스테이지 컴뱃〉은
실제 무술과 다른 전문 분야입니다.

방어에서 날과 옆면 사용하기

옛 무술서는 검의 강한 부분으로 방어 동작을 할 때 세 부위를 사용하라고 설명합니다.

〈검의 앞날, 긴 날, 진짜 날〉　　　〈검의 옆면〉　　　〈검의 뒷날, 짧은 날, 가짜 날(외날검이라면 칼등)〉

아니 왜 그렇게 복잡하게 얘기해요?!

그냥 강한 부분 아무 데로나 방어하면 된다고 하지!

다 이유가 있으니까 구분하죠.

방어에 '앞날과 뒷날'도 사용하고, 단순한 막기가 아니라 공격을 통한 치우기를 해야 한다는 설명을
어떤 사람들은 아래와 같이 이해합니다.

상대가 공격해 오는 동시에 공격으로 받아쳐서, 날 부분이 서로 충돌하는 싸움입니다.
많은 만화, 영화, 연극, 심지어 르네상스 무술을 재현하고자 하는 사람들이 보여주는 장면이지만,
실제로는 매우 위험한 행동입니다.

검의 손상은 부차적인 문제입니다.
진짜 문제는 그 행동 자체가 스스로를
심각한 위험에 빠뜨린다는 점에 있습니다.

1. 칼날로 칼날을 막으면 흘려내지 못하고 그대로 밀리기 쉽다.

칼날은 양쪽 모두
심각하게 손상된다.

적극적으로 치우기 반격을 하기보다
일단 상대의 공격을 가려내는 동작을 할 때
발생하는 문제입니다.

강철 날을 파고들어 손상시킬 정도의 운동에너지가
분산되지 못한 상태로 그대로 방어자의 칼에 전달됩니다.

상대의 칼은
막았는데…

야이씨!! 죽기 전에
내 칼 망가진 것부터
물어내!!

내 칼에
썰려버리는군요….

2. 치우기를 하지 못하고 스스로 묶여버린다.

상대의 공격을 후리기로 쳐낸다면
자기 칼이 밀려서 다치는 일은 예방할 수 있습니다.
하지만 그뿐입니다.

상대의 칼날을 자신의 칼날로 쳐내버리면
후리기가 상대의 트임이 아닌
엉뚱한 곳으로 나가버린다.

방어자는 칼끝을 엉뚱한 곳으로 보내서
스스로 묶여버립니다.
상대의 후속 공격에 즉시 노출됩니다.

공격은 막았는데…
이 다음엔 어쩌지?

넌 죽었다 진짜!

야이씨!!! 내 칼!

반대로 상대 공격의 옆면을 내 칼의 옆면으로 막는 경우는 아예 성립하지 않습니다.

〈옆면 vs 옆면으로 치우기를 시도한 경우〉

〈옆면 vs 옆면으로 단순한 막기를 시도한 경우〉

옆면과 옆면은 서로를 붙잡지 못하고 미끄러집니다.

옆면으로 눌러서 치우려고 했는데!

그러면 각도만 바뀔 뿐 후리기는 그대로 들어가지….

상대의 칼을 막는 데 실패하고 공격에 그대로 맞게 됩니다.

날과 옆면을 사용해서 안전하게 방어하기 위해서는 또다시 강함과 약함, 먼저와 나중의 원리로 돌아가야 합니다.

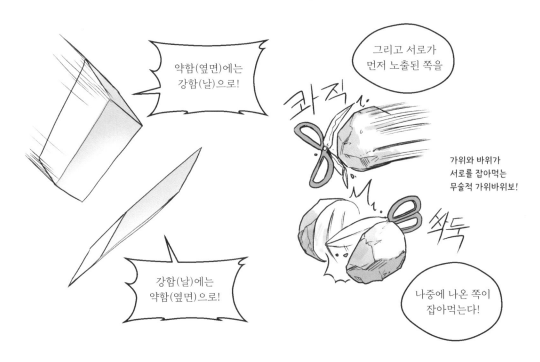

약함(옆면)에는 강함(날)으로!

그리고 서로가 먼저 노출된 쪽을

가위와 바위가 서로를 잡아먹는 무술적 가위바위보!

강함(날)에는 약함(옆면)으로!

나중에 나온 쪽이 잡아먹는다!

앞서 다루었던 '치우기'의 예시들을 포함해서, 모든 무술서의 방어 예시들은 이 원칙에 충실합니다.
공격자가 먼저 칼날을 노출했을 때는 옆면으로 치우고, 옆면을 노출했을 때는 양쪽 날을 사용해서 치웁니다.

매달린 칼끝 자세를 거쳐가는 꺾어후리기는
상대의 날을 나의 옆면으로 잡으면서 치우기할 수 있습니다.

그리고 똑같은 꺾어후리기가 상대의 옆면을 나의 날로 잡아내는 치우기를 하기도 합니다.

결국은 다시 다섯 단어.
강함과 약함, 먼저와 나중, 찰나!

으으음… 뭔가

일정한 패턴이
보이는 것 같은데….

강함 vs 강함으로
직접 부딪치지 말 것!

서로 아프다….

약함 vs 약함은
아예 싸움이
성립하지 않는다!

강함과 약함이
서로를 대적하도록
해야 하고

검술 딥러닝

그 모든 예시를 외워서
싸우려고 한다면 아마
백 년은 연습해야 할걸요?

그 싸움에서는
누가 먼저와 나중인가로
유불리가 갈린다.

원리가 어떻게
응용되는가를
이해하는 게
중요하지요.

네 가지 포진(vier Leger)

거리에 대해 다루면서 접근의 딜레마를 설명했습니다.
상대를 공격할 수 있는 거리에 들어간다는 것은 곧
상대의 공격을 받을 수 있는 위험한 공간으로 들어간다는 의미이기도 합니다.

장검을 다루는 무술서는 위험을 최소화하면서 상대에게 접근하는 방법으로
네 가지 포진(vier Leger)을 제시합니다.

⭡ 천장(Vom Tag)

위험 구간을 지날 때 모든 높은 후리기를 위해 거쳐가는 포진입니다.
선제공격이 가능할 때는 상대의 트임을 직접 후리고
상대가 찌르기나 후리기로 먼저 공격할 때에는 그것을 후리기로 맞받아치면서 상대에게 접근할 수 있습니다.

이 자세에서 계속 머물지 마세요.

상대를 공격할 수 있는 거리에서 즉시 후리기를 할 때 거쳐가는 모습입니다.

천장 포진을 사용할 때는 상대의 찌르기나 후리기 같은 공격도 모두 후리기로 받아쳐서 방어합니다.

공격할 때는 항상 상대의 트임을 향해 사선으로 접근할 것!

정면으로, 혹은 방비된 곳을 향해 공격하면 즉시 반격당합니다.

⚔ 황소(Ochs)

높은 트임을 방비하면서 상대에게 접근하는 포진입니다.
상대가 칼이 있는 방향을 공격한다면 찌르기로 저지합니다.

이 방향으로는
상대의 공격보다 찌르기 반격이
훨씬 빠르다.

〈안전하게 방어됨〉

상대가 공격할 수 있는
방향을 한정하여 더
안전하게 대응합니다.

높은 트임을 겨누면서
접근하면, 상대가 칼을 둔
방향으로 공격해 오는 것을
봉쇄할 수 있습니다.

〈상대가 공격 가능〉

상대는 칼이 없는
반대편의 트임으로만
접근할 수 있다.

좌우 어느 방향으로도
가능하지만

왼쪽 황소 포진으로 접근할 때는
상대가 자신의 왼쪽으로
공격하는 것을 봉쇄한다.

천장 포진과 마찬가지로
이 모습으로 그대로
서 있으면 아무런
의미가 없습니다.

〈상대가 공격 가능〉　　〈안전하게 방어됨〉

어디까지나 상대에게
접근하면서 거쳐가는
모습!

쟁기(Pflug)

낮은 트임을 방비하면서 접근하는 포진입니다.
황소와 마찬가지로 칼이 있는 곳을 향해 상대가 공격할 때 찌르기로 저지합니다.

상대가 높은 트임을
치려고 하면
흘러내면서 접근하고

〈안전하게 방어됨〉

낮은 트임을 노리며
공격하면 그대로
찔러서 저지합니다.

〈상대가 공격 가능〉

황소와 마찬가지로
좌우 양쪽 방향으로
취할 수 있습니다.

〈상대가
공격 가능〉

〈안전하게 방어됨〉

어떤 포진이든 가만히
멈춰 있는 상태로는 절대로
사용자를 보호하지 못합니다.

포진은 특정 상황에 대응하는
움직임을 시작하기에 편한
모습을 골라놓은 것입니다.

그러니까
이 자세로 가만히
서 있으면

칼을 둔 방향으로
공격이 날아와도
제대로 방어하지
못해요.

멍청이 포진에서 찌르기나 후리기를 하기 위해서는 반드시 한 번은 다른 자세로의 변화를 거쳐야 합니다.
그래서 상대를 공격할 수 있는 거리를 통과하는 순간에도 단번에 상대를 후리기 힘든 포진입니다.

상대를 바로 베기 어려운 자세라고요?

근데 이 자세로 상대에게 접근하라는 거예요? 상대가 날 찌르고 벨 수 있는 거리 안으로?

제정신이세요???

멍청이 포진은 상대가 상하좌우 어느 트임을 향해 공격을 날리든 모두 쉽게 흘려낼 수 있는 준비 자세입니다.

아래쪽 좌우 트임에 대한 공격을 흘려내는 중간 동작(가로대)

위쪽 좌우 트임에 대한 공격을 흘려내는 중간 동작(일각수)

멍청이 포진에서의 공격은 상대가 어떤 공격을 하더라도 흘려내면서 달려드는 것을 통해 이루어집니다.

포진 자세로 가만히 멈춰 있으면 본래의 기능을 전혀 발휘하지 못합니다.
전초에서 접근하고 공격할 때 빠르게 거쳐가도록 합니다.

적의 자세에
빈틈이 없어서
공격할 수가 없군…!

굉장한 고수다!
어떻게 공격해도
내가 위험하겠군.

자세가 흔들릴 때까지
기다려야 한다!

잘못되었지만 흔하게
나타나는 상황의 예시

휘오오오

이런 '영화무술'이
후배 창작자들에게
'멋진 것'으로 인식되어
답습되면서

매의 자세로
싸우는 법을
배우고 싶어요!

일반인들이 '무술'을
생각하면 떠올리는
이미지를 만드는 데
영향을 미쳤습니다.

히히히..

멋있잖아!

롱소드도
벽력일섬할
수 있어요?

⚜ 공격의 궤적(segno)

검을 비롯한 모든 무기는 물리법칙이 허용하는 한도 안에서 모든 각도와 방향으로 자유롭게 휘두를 수 있습니다.
그러나 실제로 무기를 휘두르는 것을 설명하고 연습할 때는 비슷한 궤적들을 모아서 다루게 됩니다.

〈수직으로 내려베기〉 〈좌우 대각선으로 내려베기〉 〈좌우 수평으로 베기〉

〈좌우 대각선 올려베기〉 〈수직으로 올려베기〉

더 자잘하게 쪼개봤자 설명만 복잡하고 의미가 없습니다!

이렇게 칼을 휘두르는 방향 여덟 개를
도표로 표시한 기호를
흔히 세뇨(segno)라고 부릅니다.

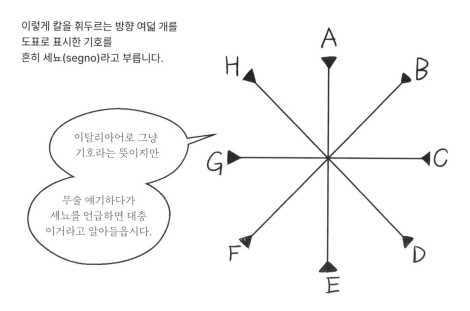

이탈리아어로 그냥
기호라는 뜻이지만

무술 얘기하다가
세뇨를 언급하면 대충
이거라고 알아듣읍시다.

그리고 르네상스 무술에서는 보통 이 여덟 방향의 베기 궤적을
두 배로 곱해서 열여섯 방향의 베기로 생각합니다.

????

그게 뭔 소리야?
방금까지 여덟 방향으로
묶어서 보자고 했으면서?

설마 각도를 쪼개서
중간 각도를
넣으라는 뜻?

〈열여섯 방향 세뇨의 예상도???〉

똑같이 B에서 F로의 궤적을 그리며
자신의 오른쪽에서 출발하는
대각선 후리기를 하는 경우

칼날은 앞날과 뒷날 모두 같은
방향으로 베어들어가더라도
상대에게 끼치는 영향은 달라집니다.

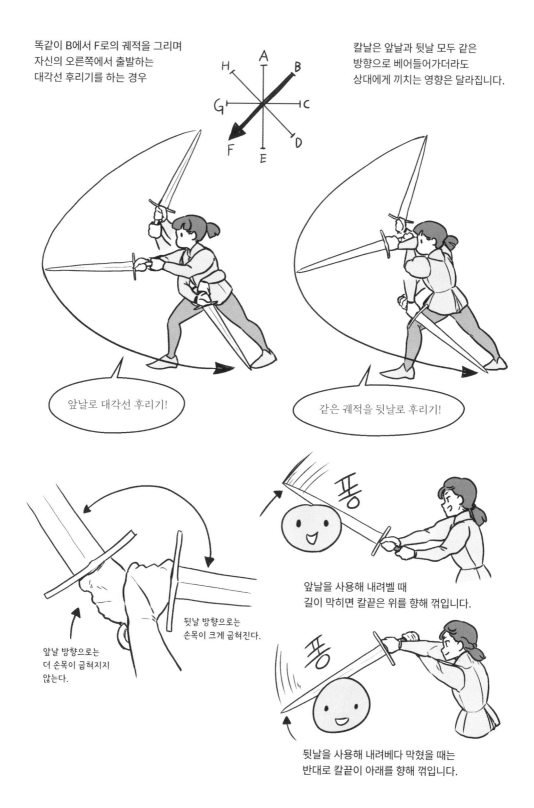

앞날로 대각선 후리기!

같은 궤적을 뒷날로 후리기!

뒷날 방향으로는
손목이 크게 굽혀진다.

앞날 방향으로는
더 손목이 굽혀지지
않는다.

앞날을 사용해 내려벨 때
길이 막히면 칼끝은 위를 향해 꺾입니다.

뒷날을 사용해 내려베다 막혔을 때는
반대로 칼끝이 아래를 향해 꺾입니다.

그래서 똑같은 궤적으로
휘둘렀을 때도

앞날과 뒷날을 각각 활용해서
똑같이 내려베는 동작

칼의 강한 부분의
위치가 서로 달라지고

공격하는 도중에
치울 수 있는 트임도
달라집니다!

나의 강력-한
후리기로
박살내주마.

아래와 같은 상황을 예로 들어봅시다.
천장 포진으로 접근하는 쪽은 후리기를,
쟁기로 접근하는 쪽은 찌르기를 노리고 있습니다.

상황은 왼쪽이 먼저, 오른쪽이 나중이라 고정합니다.

후리기만 해봐!
바로 꼬치구이로
만들어줄 테니.

〈앞날로 쟁기 포진인 상대의 왼쪽을 노리고 대각선 후리기를 한 경우〉

쟁기 포진에 있던 쪽은
나중에 움직이면서
상대의 선제타를
자기 칼의 강한 부분으로
흘려내며 찌른다.

캬악!!

팡

〈같은 궤적의 후리기를 뒷날로 했을 때〉

쟁기에서 출발한 찌르기는
검의 강한 부분에 잡혀서
밀려난다.

아니 이게 말이 됨?!

내가 뭘 하는지
똑바로 보셨어야죠!

선제타가 무사히
원래 목표한 곳을
베거나 찌른다.

사람의 손목 구조로 인해
똑같은 궤적으로 공격하더라도
앞날을 쓰느냐, 뒷날을 쓰느냐에 따라
방어할 수 있는 공격도, 뚫고 공격할 수 있는 포진도
달라집니다.

여덟 방향밖에
모르면 방어도 공격도
반쪽짜리밖에
안 되겠군요…

⚜ 사범의 후리기(Meisterhau)

설명할 때는 두 개의 날에 적용되는 여덟 개의 방향, 총 열여섯 방향의 베기로 정리하지만,
후리기에 각도 제한은 없다고 앞서 얘기했습니다.

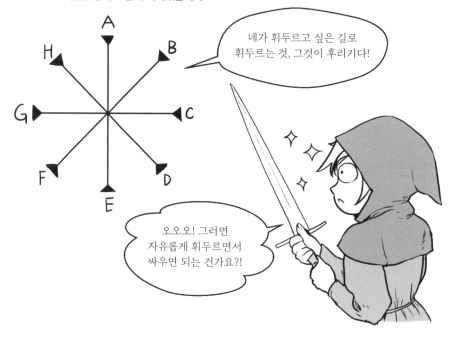

그러나 '할 수 있는가'와 '효과적인가'는 전혀 다른 문제입니다.
다양한 후리기가 가능하지만 그것들이 싸움에서 모두 효과적이거나 유용한 것은 아닙니다.

여러 궤적의 후리기 중에서도 특히 유용하고 다양한 상황에 대처할 수 있는 것들이 있습니다.
현전하는 무술서들도 모든 방향의 후리기를 동등한 비중으로 다루지 않고,
그중에서도 특별히 중요하게 선별된 목록을 제시합니다.

리히테나우어 계열의 문서를 비롯한 많은 무술서는 이 목록을 '사범의 후리기'라고 칭합니다.
사범의 후리기에 공통적으로 꼽히는 것은 다섯 종류이며, 그보다 많은 후리기를 제시하는 경우라 해도
사실은 거의 이 다섯 가지 후리기의 파생형에 불과합니다.

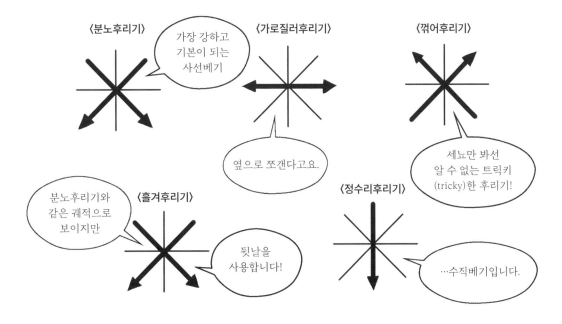

아니… 특별히 다섯 가지만 골랐다면서요?

다섯 종류의 사범의 후리기 궤적을 모두 겹쳐본 세뇨!

…….

근데 왜 모든 궤적을 다 채우고 있는 건데요?

이게 무슨 "시험 범위는 교과서 전체" 같은 소리입니까!

칼이 가는 방향만 보면 그렇지, 방향만.

다섯 가지 사범의 후리기의 공통점은 전초에서 길게 뻗어 후리는 상황에서 모두 특정 자세를 통과한다는 점에 있습니다.

바로 보관(Kron, crown)이라는 자세입니다.

검의 강한 부분이 머리, 상체를 보호하는 위치를 통과하는 것에 유의.

이탈리아에서는 '보관' 외에도 '머리' '정면' 등등 다양한 단어로 표현합니다.

다섯 사범의 후리기는 이 자세를 거치거나, 여기에서 후리기가 출발할 수 있습니다.

똑같이 사선으로 상승하는 궤적을 가진 '낮은 후리기(Unterhau)'와 사범의 후리기인 '꺾어후리기(Krumphau)'를 비교해볼 수 있습니다.

보관을 거치지 않고 그대로 올려 후리는 낮은 후리기는 위쪽 트임을 노리는 찌르기에 먼저 치워져버립니다.

반면 꺾어후리기의 궤적은 자기 검의 강한 부분으로 같은 반격을 밀쳐내버리면서 원하는 목표를 후릴 수 있습니다.

앞날을 사용해 대각선으로 내려베는 궤적.
가장 원초적이고, 가장 강하며, 가장 단순한 후리기입니다.
단순하다는 면에서 '농부의 후리기',
가장 강하고 근본이 된다는 면에서 '후리기의 아버지'라고도 언급됩니다.

보관을 거쳐가는 궤적

선제타로는
멈춰 있거나 어정쩡한
포진을 모두 부수고

나중으로는 모든 찌르기와
후리기를 파훼할 수 있습니다.

격투 게임의 공격, 방어 기본 커맨드가
모두 강공격A를 누르는 것으로
해결되는 느낌입니다.

…대체 무슨 망겜인지.

천장, 혹은 양쪽 분노태세에서 시작할 수 있습니다.

〈천장〉

〈분노태세〉

⚔ 가로질러후리기(Zwerchhau)

앞날과 뒷날을 모두 사용해 수평으로 후리기를 합니다.
모든 높은 후리기는 중간에 날의 옆면을 노출하는데,
가로질러후리기의 궤적은 이것을 치우면서 상대를 공격하기에 적절합니다.

모든 높은 후리기는
천장 포진에서 출발할 수 있다.

역시 보관을 거쳐서

수평으로 목표를 공격,
황소 포진 혹은
매달린 칼끝으로 끝난다.

더 낮은 트임을
노리고 치는 것도
당연히 됩니다!

이 후리기는 상대의 양쪽 귀,
관자놀이 높이를 노리고 치기에
좋습니다.

요아힘 마이어 등의 사범은
가로질러후리기를 위해 머리에
추가로 트임을 분할하는 그림을
남기기도 했습니다.

천장에서 출발하는
모든 높은 후리기는
이걸로 치워집니다.

앞 페이지의 '분노후리기'만
보고 강공격A 버튼만 연타하는
바보를 상대하기에 딱 좋아요.

223

⚔ 꺾어후리기(Krumphau)

꺾어후리기는 천장에서 출발할 수 있는 높은 후리기지만
칼날은 대각선으로 상승하는 궤적으로 꺾이는 변칙적인 후리기입니다.
주로 뒷날을 사용하지만 앞날로도 가능합니다.

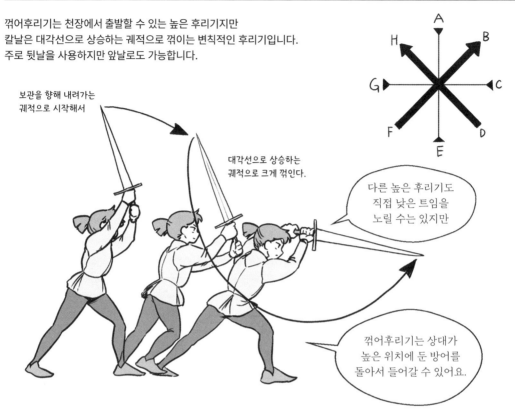

보관을 향해 내려가는
궤적으로 시작해서

대각선으로 상승하는
궤적으로 크게 꺾인다.

다른 높은 후리기도
직접 낮은 트임을
노릴 수는 있지만

꺾어후리기는 상대가
높은 위치에 둔 방어를
돌아서 들어갈 수 있어요.

이를테면 황소 포진은 높은 트임을 향한 공격을 강력하게 저지하지만,
보관을 거치는 꺾어후리기는 이를 부수며 들어가는 데 효과적입니다.

요아힘 마이어는 꺾어후리기를 '높은 후리기(Überhau)'로 정의하고,
그것을 자신의 책에 세뇨로 남겨두었습니다.

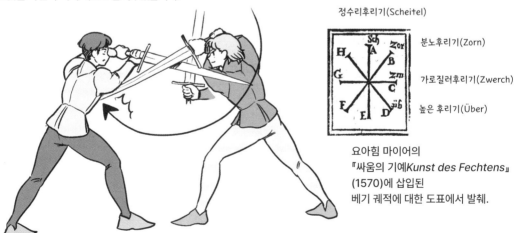

정수리후리기(Scheitel)

분노후리기(Zorn)

가로질러후리기(Zwerch)

높은 후리기(Über)

요아힘 마이어의
『싸움의 기예*Kunst des Fechtens*』
(1570)에 삽입된
베기 궤적에 대한 도표에서 발췌.

⚔ 흘겨후리기(Scheilhau)

분노후리기와 같이 사선으로 내려가는 높은 후리기의 궤적이지만
뒷날을 사용해서 수행합니다.

분노후리기와 마찬가지로
천장에서 시작할 수 있는
대각선 후리기지만…

흘겨후리기를 사용하면
칼이 그리는 호선의 측면으로
몸이 벗어나게 됩니다!

목표물을
흘겨보며
치는 듯한
모양이 되지요!

반면 분노후리기는
칼이 그리는 궤적 가운데에
자신의 몸도 들어가는
모습이 됩니다.

번개찌르기…
으아앙아갸갸!

흘겨후리기를 하면
원래 서 있던 위치의
측면으로 비켜버리죠.

그래서 흘겨후리기는
강하고 난폭하게 돌진해 오는
상대를 다룰 때에도 효과적입니다.

⬇ 정수리후리기(Scheitelhau)

천장 포진에서 시작해 멍청이 포진에서 끝나는 수직베기로, 앞날을 사용합니다.
다섯 가지 사범의 후리기 중 가장 빠른 속도로 먼 궤적을 지나갑니다.

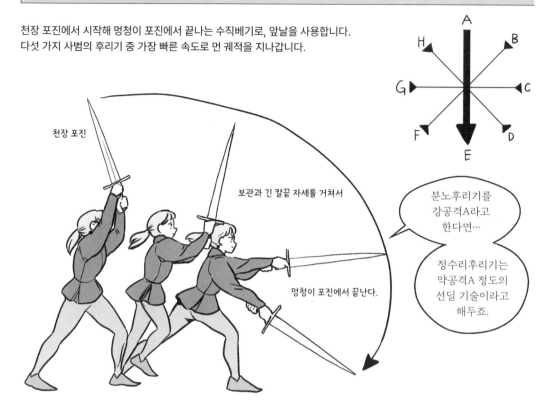

많은 후리기가 사선이나 수평 궤적을 그리기 때문에,
수직으로 떨어지는 정수리후리기를 상대로 옆면을 노출합니다.
따라서 나중의 입장일 때 많은 후리기를 치울 수 있습니다.

먼저의 입장일 경우, 정수리후리기는
멍청이 포진에서 나오는 것을 치울 수 있습니다.

이 다섯 가지 사범의 후리기는 주로 리히테나우어 계열의 무술서에서 같은 용어를 공유하고,
장검을 사용하는 방법을 다룰 때에 많이 언급됩니다.
그러나 지역, 용어, 사용하는 무기가 달라도 사범의 후리기들이 가진 특성은 거의 그대로 재현되는 편입니다.

외날을 가진 한손무기 메서를 사용할 때도 뒷날을 쓰는 '흘겨후리기'가 사용되거든요.

자세나 동작을 지칭하는 이름은 다르지만, 장검 무술서의 내용과 거의 일대일로 대응됩니다.

거의….

방패를 쓴다고 해도 딱히 달라질 건 없고….

초대형 검을 쓰더라도 뭐가 달라질까요?

이것도 똑같은 양손 장검입니다.

아, 쌍둥이 '흘겨후리기'였구나!

교전 단계에서 수행하는 자잘한 '헤집기' 동작들도
결국 모두 사범의 후리기 동작에서 파생되어 나온 것입니다.

⚜ 네 가지 치우기(vier Versetzen)

사범의 후리기에 대한 설명에는 반드시 네 가지 치우기(vier Versetzen)라는 개념이 단짝처럼 따릅니다.

> 치우기(Versetzen)라는 개념에 대해서는 방어 주제에서 설명했었죠?

> 상대가 특정한 공격을 할 때, 그것을 막아내는 동시에 상대의 트임을 위협하는

> 방어와 공격을 한 박자에 수행하는 동작입니다.

그러나 '네 가지 치우기'에서 설명하는 것은 상대의 공격을 방어하는 방법이 아닙니다.

〈네 가지 포진 중 첫 번째, 황소〉

> 접근하는 놈은 모조리 꼬치구이로 만들어준다.

이것은 상대의 특정한 포진에서 오는 공격을 치우는 방법에 대한 설명입니다.

각각의 사범의 후리기들은 마치 가위바위보처럼 네 가지 포진 중 하나를
치우며 안전하게 파훼할 수 있는 수단으로 설명됩니다.

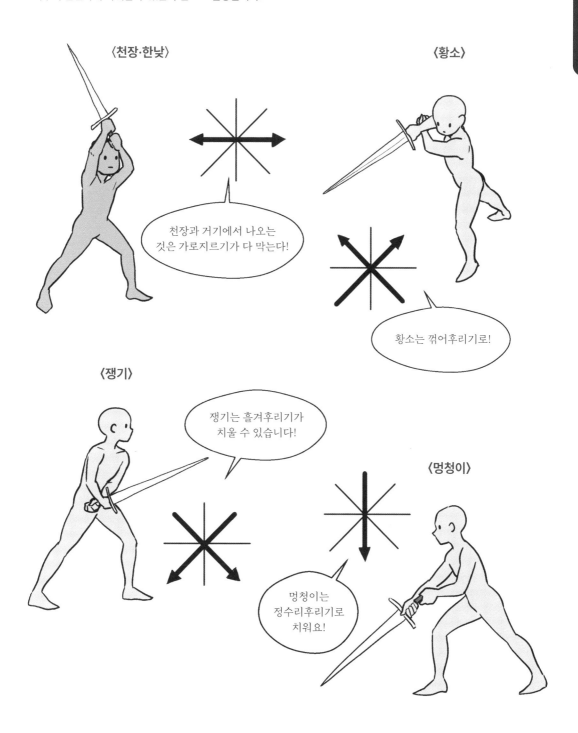

〈천장·한낮〉

천장과 거기에서 나오는
것은 가로지르기가 다 막는다!

〈황소〉

황소는 꺾어후리기로!

〈쟁기〉

쟁기는 흘겨후리기가
치울 수 있습니다!

〈멍청이〉

멍청이는
정수리후리기로
치워요!

〈분노후리기〉

잠깐! 하나가 빠졌는데요?

분노후리기는 대체 뭘 할 수 있죠?!

팝콘이나 가져와라 그림쟁이!

....

ㅋㅋㅋ

네에?!

포진을 만들고서 접근하지도, 공격하지도 않고 서 있는 놈들,

칼을 어정쩡한 데 둔 놈들,

하여튼 게으르게 싸우려고 하는 놈들은

!!!

분노후리기가 전부 박살내버릴 거다.

또한 분노후리기는 나중의 박자로 수행될 때 먼저 나온 상대의 모든 찌르기와 후리기를 깨면서 반격할 수 있습니다.

강공격A 키가 방어까지 같이 하는 거죠?

네 가지 치우기를 이해할 수 있는 원리는 기하학의 요소가 포함된 명제에서 출발합니다.

1. 상대의 공격은 내 검의 강한 부분으로 막고, 내가 공격할 때는 검의 약한 부분을 이용한다.

2. 칼은 구부러지지 않는 직선의 성질을 띤다. 상대 칼과 접촉하는 순간 특정한 도형의 선분을 이룰 수 있다.

〈연습문제 1: 쟁기 포진의 경우〉

조건 1: 상대를 위협하는 칼끝은 위쪽 트임을 향하고 있습니다.

조건 2: 상대의 공격을 막는 강한 부분은 아래쪽 트임에 놓여 있습니다.

정답: 사선으로 떨어지면서, 내 검의 강한 부분이 위쪽 트임에 남을 수 있는 흘겨후리기로 치운다.

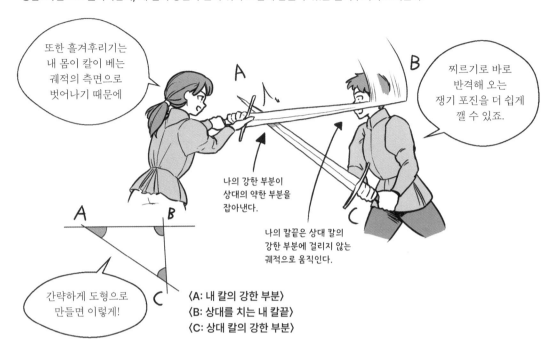

또한 흘겨후리기는 내 몸이 칼이 베는 궤적의 측면으로 벗어나기 때문에

찌르기로 바로 반격해 오는 쟁기 포진을 더 쉽게 깰 수 있죠.

나의 강한 부분이 상대의 약한 부분을 잡아낸다.

나의 칼끝은 상대 칼의 강한 부분에 걸리지 않는 궤적으로 움직인다.

간략하게 도형으로 만들면 이렇게!

〈A: 내 칼의 강한 부분〉
〈B: 상대를 치는 내 칼끝〉
〈C: 상대 칼의 강한 부분〉

반대로 황소 포진에 대해서는 아래에서 사선으로 올려베는 꺾어후리기가
가장 안전하게 치울 수 있는 후리기가 됩니다.

강한 부분으로 상대의 칼끝을 밀쳐내거나 잡는다.

아래에서 사선으로 상승하는 궤적 때문에 내 칼끝은 상대의 강한 부분에 잡히지 않는다.

역시 간략하게 그리면 비슷한 삼각형이 됩니다!

상대가 먼저 찌르기로 저지하려고 해도 그대로 치우며 후릴 수 있어요.

천장 포진은 칼끝이 위로 멀리 뻗어 있어, 몸 전체가 노출된 트임처럼 보입니다.
하지만 여기에 찌르기나 다른 후리기를 날리면 천장에서 나오는 분노후리기,
정수리후리기 등으로 쉽게 치워지게 됩니다.

멍청이 포진은 칼끝이 땅을 향해 있어 위협적으로 보이지 않지만,
칼의 강한 부분은 어느 트임으로든 빠르게 움직일 수 있는 위치에 놓여 있습니다.

이때 정수리후리기는 가장 빠르고 멀리 뻗을 수 있는 궤적으로,
멍청이 포진에서 가리기 어려운 수직 방향으로 떨어지는 공격입니다.

정수리후리기를 설명할 때, 약공격A의 선딜을 가진 기술이라 했죠?

멍청이 포진에서 바로 나갈 수 있는 공격들은

정수리후리기만큼은 치우기 어려워요.

이러한 네 가지 치우기는 기하학적인 원리를 포함하는 개념이기 때문에
전초, 교전 어느 거리에서나 잘 작동합니다.

칼이 접촉한 교전 단계에서

상대가 황소 포진으로 끝나는 치우기로 날 위협할 때

상대가 내 칼을 멍청이 포진으로 눌러 치우는 순간

즉시 꺾어후리기로 치울 수 있지요.

즉시 빠져나오면서 정수리후리기를!

또한 장검이 아닌 다른 무기로 싸울 때에도
네 가지 치우기에 들어가는 기하학적 원리가 똑같이 적용됩니다.

상대 칼의 약한 부분과
강한 부분 사이에
틈이 벌어졌을 때

약한 부분의 높이

공격할 수 있는 트임

강한 부분의 높이

A

B

C

그 공간으로 레이피어를
쭉 뻗으면 상대의 검을
안전하게 치우며
공격할 수 있습니다.

A

B

C

아까와 같은
삼각형!

반대로 상대가 찌르기로
칼을 쭉 뻗는 순간

C

A

B

날뿌리에 가까운 위치지만
찌르기에 노출된 측면은
약한 부위로 작동한다.

뻣뻣해진 상대 칼의 측면이
그대로 밀쳐낼 수 있는
약점이 됩니다.

C

A

B

천장을 치우는
가로질러후리기와
비교해보세요!

⚜ 헤집기(Winden)

전초의 공방을 겪으면 두 사람의 칼은 교차한 상태가 됩니다.
이 상태로 싸우는 단계를 교전(Krieg)이라고 합니다.
15세기의 사범 폰 단치히는 그의 무술서에서 교전이 곧 헤집기라고 설명합니다.

...이 단계에서는 그런 대화를 나눌 여유가 없습니다.
교전의 헤집기 싸움에서는 유불리가 아주 빠르게 바뀌며 공방이 이어지기 때문입니다.

〈쌍동(Duplieren)과 변동(Mutieren)〉

사료에서 헤집기의 예시로 자주 등장하는 동작이 쌍동과 변동입니다.
전초에서 선제타로 상대를 방어 동작에 묶는 데 성공했을 때부터 시작하여 살펴보겠습니다.

상대는 선제타를 방어하는 데 묶여 즉시 공격하기 힘든 상태

상대가 공격을 막는 즉시 다음 행동으로 넘어갑니다.

적이 즉시 다음 행동을 하지 못하면 곧바로 이쪽에게 기회가 돌아옵니다.

이때 공격이 상대 검의 어느 부분에 접촉했는지에 따라 취해야 할 행동이 달라집니다.

첫 번째 경우

두 번째 경우

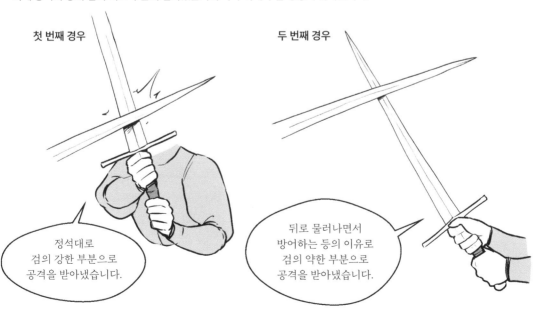

정석대로 검의 강한 부분으로 공격을 받아냈습니다.

뒤로 물러나면서 방어하는 등의 이유로 검의 약한 부분으로 공격을 받아냈습니다.

상대 칼의 강한 부분을 잡아 묶었다면, 왼손에 잡은 무게추를 그대로 오른쪽 팔꿈치 아래로 밀어넣습니다.
칼날이 뒤집히면서 상대의 검을 타고 넘어가 처음 노렸던 트임을 또다시 치게 됩니다.

같은 곳을 두 번 연속으로 치는 이 동작을 쌍동(Duplieren)이라 부릅니다.

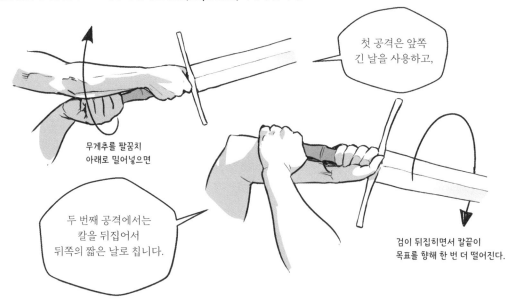

반대로 상대 검의 약한 부분에 접촉했다면 그대로 눌러서 반대편 트임을 찌릅니다.

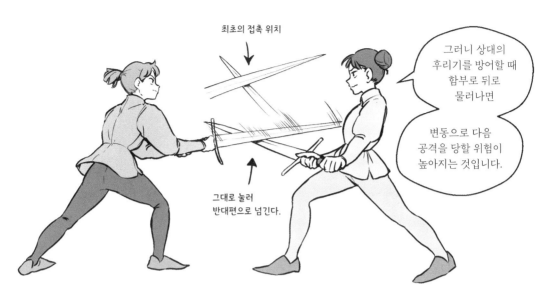

최초의 접촉 위치

그대로 눌러
반대편으로 넘긴다.

그러니 상대의 후리기를 방어할 때 함부로 뒤로 물러나면

변동으로 다음 공격을 당할 위험이 높아지는 것입니다.

헤집으면서 처음 노린 곳의 반대편을 찌르는 이 동작을 변동(Mutieren)이라고 부릅니다.

아니… 저 조건을 꼭 지켜야 해요?

내가 찌르고 싶을 때 찌르고, 베고 싶을 때 베면 안 되나요?

검의 약한 부분

물리법칙과 싸우려는 용사로군요.

세상에는 지렛대의 원리라는 게 있지요.

검의 강한 부분

상대 검의 강한 부분에 접촉한 상태에서 변동을 시도하면
반대편 트임으로 칼을 밀어 넘기는 동작에서부터 막히게 됩니다.

선제타를 성공시켰음에도 불구하고
스스로 묶여서 공격에 노출됩니다.

상대 검의 약한 부분에 접촉한 상태에서 쌍동으로 후리기를 시도할 경우,
상대의 검은 자유롭게 빠져나와 움직일 수 있습니다.

손쉽게 공격자의 팔을
썰어버릴 수 있는 여유가
생기는 것입니다.

썰기는 칼이 교차한 상황에서 부주의하게 물러나거나 다른 트임을 치려고 하는 상대를
빠르게 제압하는 동작입니다.

나에게 가깝게 뻗은
상대의 팔을 짓누릅니다.

끄악

베기는 못하지만
가장 강한 힘으로
짓누를 수 있는
검의 날뿌리 부분을
사용합니다.

높은 후리기에서 시작한 교차를 예시로 설명했지만,
쌍동, 변동, 썰기 이 세 가지 헤집는 동작은 다른 베기나
찌르기를 통해 이루어진 교차에서도 똑같이 사용됩니다.

연습문제!
이 상황에서
내가 즉시 해야 할
헤집기 동작은?!

정답! 방어자의 검의
강한 부분과 접촉했으니
쌍동으로 벤다!

그러니 나는 거기에
대응해야 하고….

※주의: 이해를 돕기 위해 과장된 연출로, 실제로는 이런 문답을 주고받을 수 있는 여유가 전혀 없습니다.

쌍동, 변동, 썰기 같은 헤집기 싸움 동작의 조건들은 장검 이외의 다른 무기에도 마찬가지로 적용됩니다.

검과 방패를 들고
싸울 때도 똑같이!

후리기가 강한 부위에
접촉했으니 쌍동으로 헤집기

긴 손잡이를 가진
무기를 들고 싸울 때도!

후리기가 약한 부위에
접촉했으니 변동으로 밀어 넘기기

그냥 종류
무관하게

긴 막대기 모양의 무기를
가지고 싸울 때의 기본기라고
생각하면 될 것 같아요.

헤집기와 관련된 독특한 특징을 가진 무기로 플레일을 꼽을 수 있습니다.
무기에 익숙하지 않은 사람들은 플레일의 특징을 '원심력을 사용해서 큰 충격을 주는 것'이라고 생각합니다.

하지만 실제 플레일의 위력은
같은 길이와 재질의 봉으로 타격할 때와 비슷합니다.

플레일은 따로 무술 훈련을 받지 않은 사람도
쌍동으로 공격할 수 있다는 특징 때문에
상대하기 까다로운 무기입니다.

조선에서는 편곤이라 불리며
널리 도입되었습니다.

⚜ 신체 접촉 1

치열한 펜싱 경기 도중 두 선수의 칼이 아닌 신체가 서로 접촉했습니다.

Corps à Corps!!

의도적인 파울로 상대의 공격을 방해하는 것은 큰 반칙입니다!

이 상태로 몸싸움을 하는 것은 펜싱 경기의 규칙에 어긋납니다.
현대 펜싱의 모태가 된 실제 칼싸움의 도구는 치명적인 무기지만,
그것을 사용한 결투의 목적은 '야만적인 살인'이 아니라 '자신의 명예를 드러내는 것'이었습니다.

하지만 칼싸움이 명예를 위한 도구가 되기 훨씬 전

야만적인 살인 의도를 가진 자들과

후욱

후욱

그들로부터 몸을 지키려는 사람들의 시대에는 어땠을까?

아마 손에 들고 있는 무기뿐 아니라 온몸을 다 동원해 최선을 다해 싸워야만 했을 것입니다.

몸이 닿거나 말거나 신경 쓸 여유가 있겠어요?

Grrrrr.

몸이 붙었으면 그 상황에서 할 수 있는 걸 해야지!

무기를 들고 싸우는 상황에서 서로의 신체가 접촉할 정도로 가까이 붙는 경우는 굉장히 흔합니다.
특히 쌍방이 자신의 몸을 안전하게 지킬 수 있는 소양을 가지고 있다면 접근은 더욱 쉬워집니다.

아니! 길이 3미터가 넘는 창을 들고 싸우고 있는데 이 상황이 말이 됨?

뭐… 창이니까. 창날 안쪽으로만 파고들면 여기까지 오는 건 순식간이지….

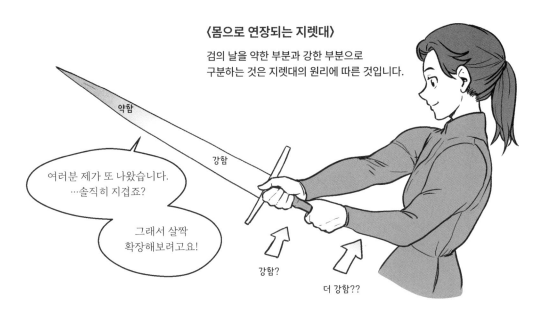

〈몸으로 연장되는 지렛대〉

검의 날을 약한 부분과 강한 부분으로
구분하는 것은 지렛대의 원리에 따른 것입니다.

약함

강함

여러분 제가 또 나왔습니다.
…솔직히 지겹죠?

그래서 살짝
확장해보려고요!

강함?

더 강함??

칼을 연장된 신체라고 생각한다면,
이 강하고 약한 부위의 구분을 검을 든 사람의 신체로까지 확장할 수 있습니다.

작용점

힘점

받침점

칼끝으로 상대를 치는 상황은
작용점이 받침점(몸)에서 먼 상황입니다.

약함

강함

상대와의 접촉이 몸의 중심을
향해 가까이 올수록 지렛대의
작용점도 점점 몸통 쪽으로
다가오게 됩니다.

더 강함

더더 강함

강함의 근본.
지렛대의 받침점.

힘점

받침점

작용점

검의 강한 부분이나 그보다 더 안쪽의 신체 부위로
상대와 접촉하면 받침점과 작용점이 더 가깝습니다.

그리고 똑같은 지렛대의 원리로 인해, 같은 부위라 해도 자세에 따라 강함과 약함이 달라집니다.

〈보조 지렛대: 십자날받이와 무게추〉

오… 정말 개성 있는 외모야!

분명 서양 검술에서는 저걸 방어할 때 쓰겠지?

상대의 공격으로부터 손을 잘 보호해줄 것 같아요!

...이러한 세간의 기대를 배신하고 앞에서 다룬 여러 주제
(검의 구조, 좋은 방어와 나쁜 방어, 방어에서 날과 옆면 사용하기 등등...)에서는
십자날받이를 방어에 사용하는 경우를 소개하지 않았습니다.
특히 전초에서 날아오는 후리기를 십자날받이로 방어하려는 사람은 나쁜 방어에 스스로 묶이게 됩니다.

교전 단계에서 헤집기 싸움을 할 때

상대 칼이 손으로 타 넘어오는 걸 막아주고

갈고리 걸쇠처럼 사용해서

상대 칼의 움직임을 방해하고 제어할 수 있어요!

십자날받이는 검이 이미 접촉한 상태에서 싸우는 교전 단계에서는
손을 보호하거나 상대 칼의 진로를 차단하는 데 유용합니다.

그리고 두 사람의 손과 팔이 직접 닿는
거리까지 접근한 상황일 때는 칼날보다
훨씬 더 강하게 상대를 제어할 수 있는 도구가 됩니다.

상대의 팔에 치워져
칼날로 베거나 찌르는
동작은 방해를 받지만

십자날받이로
이 상황에서 바로 상대의
손목을 누를 수 있습니다!

상대가 교전에서
나를 묶으려 하는
즉시

십자날받이로 상대의
손목을 걸어 당겨서
자세를 무너뜨릴 수
있습니다.

아니면 그 자체로
상대의 신체를 치거나
찍는 동작을 하는
무기가 될 수 있지요.

몸이 접촉하는 거리에서
십자날받이는 긴 장대 무기에 달려 있는
갈고리와 같이 기능할 수 있어요.

손잡이 끝에 붙어 있는 무게추도 신체 접촉 상황에서 다양하게 활용됩니다.

장검에 달려 있는
무게추는

물론 진짜로
작정하고 만든
철퇴만큼은
아니지만요….

따로 떼어서 보면
철퇴 머리로 써도
될 만큼 묵직합니다.

위에서부터 쏘옥

이 무거운 무게추를
상대의 손목 사이에
끼워넣어서 당기거나
비틀어버리면

아래에서부터 쏘옥

상대의 뻗은 팔을
비틀고 당길 수 있는
지렛대가 됩니다.

여기까지는 서로의 뻗은 팔이 닿는 거리에서의 싸움으로,
주로 상대의 팔을 잡아 꺾는 유술에 가까운 경우였습니다.

그러나 규칙 없이 온몸을 다 던져 최선을 다하는 싸움 상황에서는
무기를 들고 있음에도 신체가 이보다 더 깊이, 가깝게 붙는 상황도 수시로 발생합니다.

⚜ 신체 접촉 2

게임 〈포 아너*For Honor*〉의
캐릭터 '워든'의 어깨치기 기술

무기를 든 싸움에서 무기가 아니라 몸을 던져 상대를 치고 제압하는 상황은
의외로 게임, 만화, 영화 등에서도 많이 표현됩니다.

물론 실제 싸움에도 온몸으로 돌진해서 싸우는 상황이 있지만
안전하게 하기 위해서는 위의 예시보다는 더 요령이 필요합니다.

요령 1: 전초에서부터 서두르면 위험하다

〈포 아너〉의 워든처럼 전초에서 선제공격으로
먼저 달려들어 몸싸움을 거는 것은 매우 위험합니다.

돌진하는 사람은 그 방향으로 스스로를 묶는 것이기 때문에 상대의 치우기 대응에 취약합니다.
상대는 마치 투우사가 돌진하는 소를 다루는 것 같은 요령으로 대처할 수 있습니다.

달려들기라는 상황은 짧은 무기(손과 몸)로
더 긴 무기(검)에 대항하는 상황입니다.
그래서 검 vs 창, 단검 vs 장검 같은 상황과
같은 요령이 필요합니다.

달려들기는 상대가
높은 자세에서
머물고 싸울 때,

즉 낮은 트임이
생겼을 때
효과적입니다.

반대로 상대가
낮은 자세에서
싸울 때는

몸을 밀어넣어야
할 자리에 칼끝이
있어서 위험해요.

반대로 둘 다 맨손, 즉 서로 같은 무기로 싸우는 상황에서는
상대가 낮은 자세에서 방비하고 공격할 때 높은 트임을 노리면서 몸싸움을 할 수 있습니다.

먼 거리에선
노출된 급소를
타격하고,

권투?!

교전에 해당하는
가까운 거리에선

이렇게 위에서
내리눌러 반격할
수 있어요.

레슬링!?

낮은 트임을 방비하고 있는 상대에게 먼저 달려들기로 공격을 시도한다면,
검은 방벽으로만 쓰고 실제로는 몸싸움으로 상대를 제압하려는 구도가 됩니다.

상대가 접촉하면서
밀어내며 달려들기를 해도…

달려들기는 완전히
가까이 접근하기 전엔
상대를 묶지 못하니….

상대는 자유롭게 칼을 뒤로 빼거나 돌려서
달려들기로 들어올 공간을 차단할 수 있습니다.

물러나는 것도
내 마음대로!

상대는 내 몸이 들어가야 할
트임에 마음대로 칼끝을
갖다놓고 유지할 수 있어요.

그러니 묶기 없이
무작정 달려들면
위험합니다.

상대의 낮은 트임이
비어 있는
상황이라도요….

달려들기는 서두르면 안 됩니다!

상대가 내 공격을 제대로 치우며 달려들기를 시도할 때는
즉시 상대의 트임을 위협할 수 있는 위치를 차지하는 것으로 받아칩니다.

이 방향은 검으로
방비되어 있어
파고들면 위험하다.

당연히 우리는
모든 공격에
대처할 수 있습니다.

이 방향으로 이동하면
방비되지 못하고 노출된
트임을 공격할 수 있다.

트임으로 접근하면
검으로 곧바로 베거나
공격할 수 있는 거리는
나오지 않지만

이번에는 내가
달려들기로
상대에게 반격할
수 있고

멀어지는 방향으로
걸어가면 검으로 직접
트임을 공격할 수 있어요.

상대가 발을 뻗을 곳을
미리 차지했다.

그러면 검으로
대응하기는
어려워져요….

달려들기 같은 신체 접촉 교전은 맨몸으로 하는 싸움과 무기를 든 싸움이 밀접하게 연관되어 있음을 직접적으로 보여줍니다.

원래 '싸우는 방법'은 같은 것으로 통합되어 있었습니다.

그러나 진지한 싸움이 총싸움으로 대체된 이후

근접전은 여러 개의 스포츠로 쪼개져 각자의 길을 걷게 되었습니다.

〈펜싱〉

〈복싱〉

검을 쓰는 싸움 따로,

먼 거리에서의 맨손 싸움 따로,

〈레슬링〉

가까운 거리의 맨손 싸움이 따로 분리되어 각각의 스포츠 종목이 됐어요!

⚜ 덮치기(Überlaufen)

높은 위치를 차지하면 전술적으로 이점이 생깁니다.
낮은 위치에 있는 자가 높은 위치를 차지한 쪽을 이기려면 많은 어려움을 겪어야 합니다.

I have
the high ground!!

Don't try it!!

〈스타워즈:
에피소드III〉 밈이냐…?

하지 마!

나온 지 이십 년
가까이 된 영화라고!
알아듣는 사람도
별로 없어!

이는 두 사람이 같은 높이의
평지에서 싸울 때에도
마찬가지입니다.

되브링어나 링젝 등의
사범들은 이 원리를
덮치기(Überlaufen)라고
표현합니다.

되브링어의 표기는
Öberlawfen인데 지금
같은 맞춤법은 아니죠.

위쪽 트임을 노리는 공격은 아래쪽 트임을 노리는 공격보다
훨씬 멀리까지 닿을 수 있습니다.

내가 머리를
확실하게 공격하는
동안에

…나는 다리를
노렸는데 제대로
닿지를 않았어요….

또한 위에서 아래로 떨어지는 후리기는
아래에서 위로 올라가는 후리기를
훨씬 강하게 치울 수 있습니다.

몸의 무게중심을 낮추면서
떨어지듯 움직이면 후리기도
매우 강해집니다.

아무래도
위에서 누르는 쪽이
아래에서
버티는 쪽보다
더 강하겠죠….

261

〈기하학적 구조〉

'또 수학 이야기인가?' 싶을 수도 있지만 사실은 아주 간단한 도형에 대한 이야기입니다.

검은 팔의 연장선상에 있고, 팔은 어깨를 통해 몸과 연결됩니다.

그리고 현실 인간의 어깨는 높은 트임에 해당하는 곳에 달려 있습니다.

우리는 판타지 작품에 출연할 수 있을 것 같군요.

중간 높이의 어깨

낮은 높이의 어깨

몬스터 배역 오디션 봅니다.

검이 가장 멀리까지 도달할 수 있는 높이는 어깨와 비슷한 높이로 뻗는 경우입니다.

어깨로부터 멀리 떨어져 낮은 트임으로 갈수록 칼이 도달할 수 있는 거리는 짧아집니다.

262

〈힘의 전달〉

칼을 휘두르고 상대의 공격을 버티는 힘은
팔이 아니라 몸통에 붙어 있는
근육으로부터 나옵니다.

등과 가슴의 근육이
팔에 가장 효과적으로
힘을 전달할 수 있는
자세가 있습니다.

우리는
미는 힘이
약해!

검을 들고 같은
자세를 취하면 바로
정면, 보관 자세가
되지요.

팔이 어깨높이의 높은 트임에 있을 때
가장 효율적으로 몸통의 힘을 전달할 수 있습니다.

반면 낮은 트임을 향해 팔을 뻗을수록
전방으로 전달할 수 있는 힘이 작아집니다.

※ 매의 태세(posta di falcon): 15세기의 사범 필리포 디 바디의 책에 나오는 표현입니다.
앞에서 소개한 천장, 한낮 포진과 비슷하지만 검의 손잡이가 머리 앞으로 낮게 묘사되어 있습니다.

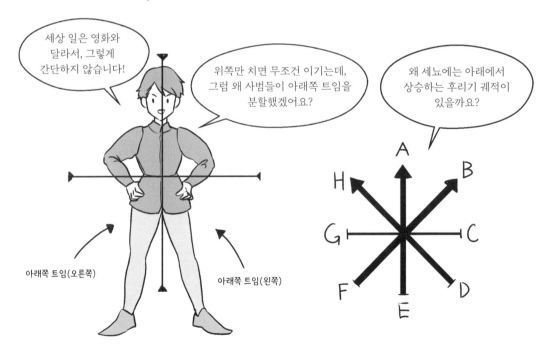

높이의 이점은 주로 전초 단계에서 접근하면서 첫 후리기를 교환할 때 누릴 수 있는 것입니다.

즉 바꿔 말하자면...

이렇게 칼이 붙어서 교전 단계로 넘어오면 무조건 높다고 유리한 문제가 아니라는 거!

상대의 공격을 받아내면서 묶인 방어자

그리고 묶여서 박자를 빼앗긴 상황에서는 낮은 트임을 향한 후속 공격이 따라올 때도 힘으로 제압할 기회가 없습니다.

다리를 노려 후리기

상대가 묶여 있을 박자에 자유롭게 아래쪽 트임을 칠 수 있습니다.

아래에서 수직으로 손을 노리거나 몸을 찌르기

묶기만 이루어진다면 아래쪽 트임을 공격할 때 무조건 검만 사용할 필요는 없습니다.

그냥 사정거리 안에, 노출된 트임이 있었을 뿐. ㅋ

굳이 이런것도 재현해야 하나요?

작가를 규탄한다!

피오레
MS Ludwig XV 13
26r

한스 탈호퍼
Cod. icon. 394a
7v

현대 스포츠 경기에서
선수 보호를 위해
중대한 반칙으로 규정하고 있을 만큼,
하복부와 사타구니는
맨손·무장한 싸움에서
중요한 트임입니다.

어쨌든, 싸움을 다룰 때 'A가 B보다 유리하다'는 말을
'그러니까 B로 A를 상대하지 마라.'라는 의미로 받아들이면 안 됩니다.

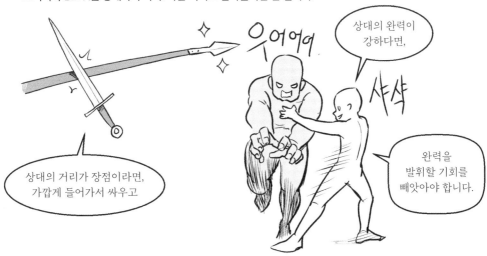

상대의 완력이 강하다면,

우어어어

사샥

상대의 거리가 장점이라면, 가깝게 들어가서 싸우고

완력을 발휘할 기회를 빼앗아야 합니다.

⚜ 속임수에 대하여

다른 유저와의 대전 요소가 있는 게임에서는
공격 취소(캔슬)를 활용한 속임수를 구현해놓은
경우가 많습니다.

오른쪽 강공격!

···인 줄 알았지?!
캔슬하고
왼쪽 약공!

캔슬

캔슬

캔슬

캔슬 심리전은
〈포 아너〉 고인물의
기본 소양이죠!

미들킥? 하이킥?

현대의 종합격투기에서도 속임수를 잘 쓰는 선수들은
상대에게 혼란을 주며 명장면을 만들어내곤 합니다.

어디를
가드해야 함?

옛날 병법에도
"싸움이란 곧
속이는 것"이라고···.

『손자병법』
소유 캐릭터의 지력 +10

게임에서든 현실 경기에서든 상대의 허점을 만드는
속임수는 싸움에 빼놓을 수 없는 요소입니다.

〈르네상스 무술에서 속임수 다루기〉

한 번에 공격할 수 있는 거리에 갈 때까지

어느 트임을 칠 수 있을지 연막을 쳐야지!

우선 전초에서 포진과 활동(motus)으로 상대를 공격할 수 있는 거리까지 접근하는 과정 자체도 칠 수 있는 트임과 타이밍을 가리기 위한 속임수에 해당할 수 있습니다.

트임 발견!

황소 포진을 치우는 꺾어후리기!

그런데 되브링어, 링엑, 탈호퍼 등 많은 사범은 결정적인 순간, 즉 서로가 확실하게 상대를 공격할수 있는 거리에 도달했을 때는 발견된 트임을 향해 정직하게, 온 힘을 다해 공격하라고 가르칩니다.

엥?

싸움은 속임수라면서요?

트랩카드 덱 짰는데...

게임이나 격투기 경기에서는 속임수가 비교적 자유롭게 사용됩니다.
그러나 옛 사범들이 전제로 하는 진지한 싸움 상황에는 속임수를 사용함에 있어
훨씬 신중해야 하는 이유들이 있습니다.

1. 진지한 싸움에선 단번에 상대를 죽이거나 무력화하는 급소만을 '트임'으로 가정한다.

검으로
싸울 때는

맨손으로 싸울 때
'맞아도 버틸 수 있는 곳'을
때리는 건

아이포킹, 후두부 강타,
사타구니 타격 등등등...만
유효타로 인정한다.

가장 단단한 뼈도
쉽게 잘라버리니

'맞으면서
버틴다'가
불가능하고요.

갑옷을 칼로
두들기는 것과
똑같은 체력
낭비입니다.

무기를 든 싸움에선 신체 어디든 중상해를
입힐 수 있기 때문에 전신이 트임의 후보입니다.

무기를 든 싸움의 기초인 맨손 싸움에선
현대 격투기의 룰이 금지하는 부위들만
트임의 후보가 됩니다.

2. 모든 공격 동작은 자기 자신을 묶고, 스스로의 트임을 드러냅니다.

내 눈!

격투 게임을
해봐도

공격하는 순간이
가장 취약하죠?

방어, 치우기 등등 앞서 여러 주제에서 설명한 내용입니다.
공격은 강한 힘을 내며 자신의 몸을 넓히는 동작이기에, 필연적으로 스스로를 묶으면서 트임을 노출시킵니다.

〈경우의 수를 따져보기〉

1. 상대가 좋은 방어, 제대로 된 치우기를 하는데
   정직하게 공격한다.

상대에게 공격의 주도권을 일시적으로 빼앗기지만
좋은 치우기를 통해 다시 공세를 취할 수 있습니다.
서로 기량을 겨루는 훌륭한 싸움이 됩니다.

2. 좋은 방어를 할 줄 아는
   상대에게 속임수를 시도한다.

속임수는 정직한 공격과 똑같은 약점을
가지고 있기 때문에, 상대는 나를 단번에
살해할 수 있습니다.

3. 상대가 나쁜 방어만 하는 초보자인데
   정직하게 공격한다.

상대는 자신의 칼끝을 엉뚱한 곳으로 보내며 묶이고,
나는 안전하게 다른 트임을 공격할 수 있습니다.

4. 상대가 나쁜 방어만 하는 초보자인데
   속임수를 시도한다.

상대를 쉽게 낚아서
안전하게 다른 트임을 공격할 수 있습니다.

네 가지 서로 다른 경우를 따져보면 상대의 기량과 성격을 알 수 없는 불확실한 상황에서
속임수는 둘 중 하나가 단번에 죽는 도박이지만,
트임을 향한 정직한 공격은 최소한의 안전을 담보해줌을 알 수 있습니다.

〈쓸 수 있을 때는 쓴다!〉

상대의 트임을 향해 정직하게 공격을 날리면 상대는 반드시 거기에 반응해야 합니다.
그런데 이 상황에서 상대가 좋은 방어가 아닌 나쁜 방어를 하려는 걸 발견할 경우는 어떨까요?

으아아!!

오호라?

상대의 왼쪽 위 트임을 향해
공격했는데 나쁜 방어로
대응하는 것을 포착한 상황

속았다!

상대가 나쁜 방어 동작으로
스스로를 묶어버리면
공격을 안전하게 회수해서
다른 트임을 공격할 수 있습니다.

이처럼 결과적으로 속임수가 되는 동작을
헛치기(Fehler)라고 부릅니다.

게임 〈포 아너〉에서 플레이어의 수준이 높아질수록 속임수의 비중이 높아지는 이유는
게임에서 제공하는 거의 모든 방어 동작이 바로 이 '나쁜 방어'의 전형이기 때문입니다.

기본 가드도
단순한 막기.

패링도
상대의 스태미나를
크게 깎을 뿐인
단순한 막기.

팡

워든의 "분쇄반격" 같은
일부 기술만이 무술에서 말하는
'올바른 방어'를 재현합니다.

하지만 상단 공격
방어에만 쓸 수 있죠….

치우기로 공격자의 트임을 향해 반격하는 개념이 약하니까

캔슬

캔슬

봉봉

봉봉

캔슬로 상대를 속이는 게 실제만큼 위험하진 않아요.

그러니 심리전을 위한 필수 소양이 될 수밖에요.

정말 쉽다!!

저 게임보단 진짜 칼싸움이 더 쉽지 않니?

그냥 정직하게 후리면 되는데.

게임은 패드만 잡을 수 있으면 되지만, 무술은 체력 단련부터 시작해야 하는데

비교할 걸 비교하시죠. 하여튼 고인물들은….

먼저 공격을 시도하는 쪽이 불리해지는 유형의 무기로 싸울 때는 속임수의 양상이 살짝 달라집니다.

예를 들면 레이피어라든가?

하지만 자신과 같은 무기로 무장한 상대를 마주한다면 상황은 복잡해집니다.

이런 무기로 싸울 때는 섣불리 먼저 공격하는 쪽이 불리합니다.
따라서 속임수를 통해 상대의 선공을 끌어내는 것이 매우 중요합니다.

좋은 방법 중 하나는 일부러 자신의 트임을 노출시켜서 상대를 낚는 것입니다.

가짜 공격으로 트임을 노출해 상대의 선공을 이끌어냈다면,
그대로 잡아챈 뒤 장검으로 싸울 때처럼 헤집기 교전으로 싸움을 풀어나갑니다.

자잘한 손재주

트임을 노린 의도적인 공격을 받거나, 공격이 성공적인 치우기에 막혔거나,
너무 서두르거나 짧은 공격을 했을 경우 자세가 묶이게 됩니다.
이외에도 나쁜 방어, 교전 상황에서의 과도한 주의집중 등 묶이게 되는 이유는 많습니다.
무술서는 상대가 묶였을 때 사용할 수 있는 다양한 기술들을 소개합니다.

〈바꿔지르기(Durchwechseln)〉

상대가 너무 멀리서 휘두르거나 짧게 후린 공격을 시도할 때,
칼의 접촉을 회피하면서 반대쪽 트임을 그대로 찌릅니다.

상대가 내 쟁기 포진을
치우려고 흘겨후리기를
시도하는데….

어? 너무 멀었나?

너무 먼 거리에서 서두르거나
꺾어후리기나 흘겨후리기같이
짧은 날을 사용할 때 실수로
일어나는 상황입니다.

한숨 돌렸네….

머엉

사삭

철썩

상대의 공격이 내 트임을 위협하지는 않지만
그대로 두면 상대가 안정적으로 칼을 접촉시키거나
나의 노출된 손을 칠 기회를 내주기도 합니다.

이때 접촉하도록 내버려두지 말고, 상대의 검 아래를 통과해 칼끝을 돌리면
그대로 상대의 반대편 트임을 찌를 수 있습니다.

같은 동작을 여러가지 다양한 이름으로 부르지만
창이나 레이피어처럼 찌르기로 싸움을 풀어나가는 무기로 싸울 때는
이 동작을 익숙하게 쓰는 것이 굉장히 중요합니다.

〈빼내기(Zucken)〉

헤집기 싸움에서 성공적으로 상대를 묶었을 때,
쌍동이나 변동처럼 칼의 접촉을 유지할 필요 없이
즉시 칼을 떼어내 다른 트임을 칩니다.

선제타를 날렸는데
상대가 제대로 치우기를
못하고 묶였을 때

즉시 칼을 뒤로 빼내서
반대편 트임을 칩니다.

상대가 힘으로 버티면서
막는 상황이 아니면
오히려 반격에 당할 수 있으니
확실하게 묶었을 때 씁니다.

상대의 반응에 따라서
반대편 트임으로
넘어가는 대신

처음 노렸던 트임을
한 번 더 치는 변형도
있어요.

상대가 소극적인 방어에 의존하는
성향이라면 이러한 속임수들을
쉽게 사용할 수 있습니다.

〈뒤쫓기(Nachreisen)〉

상대가 지나치게 먼 거리에서 서둘러 공격했을 때나 급히 연속해서 공격하려고 할 때는
상대의 칼이 지나간 뒤 드러난 틈을 쫓아가 칩니다.

상대가 전초에서
너무 서둘러 휘두른
공격에 대한 대응

방어 없이 바로
다음 공격을 하려고 들면
뒤쫓기로 반격한다.

②

① 상대가 먼저 공격하고

교전 단계에서 상대가 서둘러 연속으로 공격하려고 할 때도
뒤쫓기로 공격할 수 있는 틈이 생깁니다.

상대가 뭘 하는지
안 보고 혼자 급하게
공격만 하면

여기에 팔이
썰리기 딱 좋아요.

붕

붕

붕

〈뒤집기(Verkehren)〉

지그문트 링엑은 상대와 깊이 묶인 상태에서 유술을 걸어
상대의 균형을 무너뜨리는 동작으로 뒤집기를 설명합니다.

서로의 칼이
강한 부분끼리 엮였습니다.

묶어버리자!

!!!

상대가 내 칼을 썰면서
묶으려고 시도하는 순간

즉시 사선으로 흘려내면서
상대의 팔꿈치를 붙잡아 밀어 올려
몸 전체를 뒤집어버립니다.

발을 유리한
위치로 옮기는 것도
잊지 말 것!

상대가 여기에 제대로
대처하지 못하면 싸움을
끝내기 좋은 기회가 옵니다.

후대의 사범인 요아힘 마이어의 무술서에서는 똑같은 '뒤집기'를 '상대의 칼을 붙잡는 기술'로 설명합니다.

상대가 높은 후리기를
먼저 날리는 상황입니다.

이때 반대편
사선으로 전진하면서

상대 검의 강한 부분을
내 검의 강한 부분으로
잡아 누릅니다.

그리고 무게추를 오른팔 팔꿈치 아래
밀어넣는 동작으로 칼날을 뒤집어
상대의 검을 아래로 눌러 가둡니다.

이렇게 가둬서
아무것도 못하게 한 다음
낚아채기 같은 동작으로
마무리합니다.

뒤집기뿐만 아니라
많은 용어가

무술을 위한 단어가 아니라
일상적인 어휘이기 때문에
이런 경우가 꽤 있어요.

⟨낚아채기(Umbschnappen)⟩

요아힘 마이어의 뒤집기로 상대의 검 혹은 팔을 묶은 순간,
상대를 그대로 굳혀둔 상태로 자신의 칼을 낚아채듯 상대의 머리로 향합니다.

뒤집기로
상대의 팔, 검을
붙잡은 순간

내 팔은 상대의 팔을
위에서 내리누를 수 있는
높은 위치에 있습니다.

상대의 검이나 팔을 누르면서
낚아채듯 검을 움직여
상대의 머리를 향합니다.

반대로 똑같은 낚아채기 동작을
'뒤집기를 당한 쪽'이 빠져나오는
방법으로 쓸 수 있습니다.

뒤집기로 갇혔을 때
당황하지 말고

상대의 오른쪽을
향해 사선으로
빠져나오면

위와 같은
낚아채기로
반격할 수 있어요.

여기에 소개한 여러 예시들 외에도 옛 무술서들은 온갖 다양한 기술의 예시를 보여줍니다.
하지만 사범들마다 비슷한 예시를 다른 이름으로 부르거나, 같은 이름으로 서로 다른 기술을 설명하는 등
상당히 혼란스러운 것들이 많습니다.

외워야 할 예제가
너무 많아요..

외우지 못한
기술 예제를 만나면
그냥 죽어야 하나요?

튕겨내기

공작꼬리

장미

수레바퀴

등등등...

예제에 대한 지식이
많은 것 자체는
좋은 일이다만,

싸움을 어떻게
그런 식으로 배우겠냐?

싸움책의 많은 기술 예시는 기본 원리가
실제 싸움에 어떻게 적용되는지 보여주는 연습문제의
성격이 강합니다. 곧 기술을 의미 있게 하는 것은
원리에 대한 이해와 체득입니다.

기술을 빠짐없이
다 외우고 있으면
엑조디아처럼 검술을
완성할 수 있지 않을까?

머리의 공방 기술!

왼팔의...

오른팔의
공방 기술!

몸통의...

왼발의...

오른발의...

'엑조디아 카드 다섯 장을
모으면 강력한 소환물이 된다'는
듀얼 규칙이 없으면

그냥 의미없는
카드 컬렉션일 뿐이지.

⚜ 대화의 창(Sprechfenster)

무슨 일이든 처음 계획한 대로 무조건 쉽게 풀리는 법은 없습니다.
가령 상대의 트임을 향해 선제타를 날려서 묶는다는 간단한 계획도 말입니다.

계획대로 이상적인 후리기나 방어가 나오지 않았거나
상대가 나의 접근을 칼끝 견제로 저지하는 등

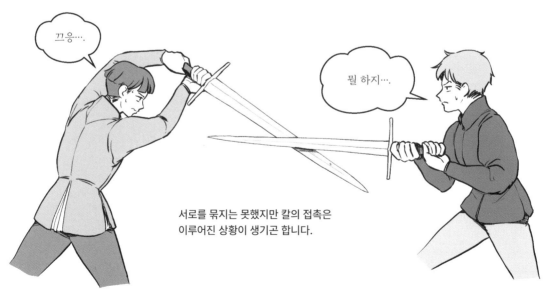

서로를 묶지는 못했지만 칼의 접촉은
이루어진 상황이 생기곤 합니다.

「찰나와 느낌」 주제에서 설명했듯,
이때 칼은 마치 곤충의 더듬이처럼
접촉한 대상에 대해 많은 정보를 전달합니다.

그리고 이 상황에서 서로는 자신의 의도를
숨기면서 다른 행동을 할 수가 없는데,
이 상태를 대화의 창(Sprechfenster)이라 부릅니다.

1. 상대가 그 상태로 바로 트임을 향해 찌를 때

칼이 접촉을 유지하고 있을 때는
먼저 찌르기를 시도하는 쪽의 의도와 박자가
숨김 없이 노출됩니다.

2. 상대가 칼을 떼어 다른 곳을 후리려고 할 때

상대가 후리기를 위해 칼을 떼어내거나 뒤로 빼내는 것 역시 느낌을 통해 선명하게 알 수 있습니다.

이때는 굉장히 안전하게 상대의 몸통 트임을 노리고 찔러서 저지할 수도 있고

막상 칼을 떼어내니까 찌르기에 대응하기가 힘들어지네….

※ 대응이 불가능하진 않지만 역시 묶이기 쉽다.

상대의 칼이 비운 트임을 뒤쫓아 후리는 것도 좋은 방법입니다!

눈으로 못 보더라도 칼이 떨어지며 압력이 사라지는 느낌은 아주 쉽게 감지할 수 있어요.

상대가 칼을 떼어내려 하거나 뒤로 물러나려 하는 상황에 할 수 있는 또 다른 방법은
내 칼의 강한 부분으로 상대의 칼을 강하게 썰면서 쫓아들어가 상대를 묶는 것입니다.

이렇게 묶으면서 헤집기로 트임을 치거나, 상대에게 달려들어 씨름으로 제압하는 등
상대가 좋은 방어로 대응하기 어렵도록 공세를 이어갑니다.

3. 상대가 접촉을 유지한 상태로 헤집기 싸움을 시도할 경우

헤집기 공격을 위해 칼을 돌리는 것은 2번처럼 칼을 떼어내는 것과 같은데,
접촉으로 그 의도가 노출되는 것은 1번과 같습니다.

4. 상대가 내 의도를 읽기 위해 머물러 있는 경우

앞선 예시들만 살펴보면
항상 먼저 움직이는 쪽이
불리한 게 아닌가 싶기도 합니다.

그래서 대치 상태를 유지하며
내가 먼저 움직이기만 기다리는
상대를 만날 수 있습니다.

이때는 몸을 좁히면서 상대의 칼끝 안쪽으로 접근합니다.
후리기나 찌르기가 가능한 거리로 들어갔다면 원하는 대로 공격하면 됩니다.

먼저 공격하는 경우와 달리
내가 스스로 묶이지
않기 때문에

상대는 바꿔지르기,
밀쳐내면서 맞서 찌르기로
대응할 수 없어요.

으아아!
자, 잠깐만!

검을 방벽으로 삼아서
상대의 트임으로 몸을 밀어넣는
요령으로 수행합니다.

5. 상대가 똑같이 접근해 오는 경우

!!!

이번에야말로
잡는다!

정면으로
밀고 오니
나는 사선으로!

상대가 접근의 요령을 알고 있을 때에도
그 자체를 너무 신경 쓰면 오히려 위험해집니다.

상대가 나를 어떻게 공격하려고 하는지보다
내가 상대를 공격할 때 넘어가야 할 장애물이
무엇인지만 의식하도록 합니다.

"쉽게 겁먹는 사람은 이 기예를 배우기 어렵다."

많은 싸움책에서 공통적으로 나오는 얘기입니다.

아니… 설명을 들어보니

'이럴 땐 이렇게 하면 됩니다!'가 아니라

'어떤 짓을 해도 당한다'로 들리는 건 제 착각인가요?

자신감을 가져요! 반대로 생각하면

그건 상대의 입장에서도 똑같다는 얘기니까!

상대가 무엇을 하려는지 너무 신경 쓰지 않으면서

그저 찰나의 느낌으로 주어진 상황을 파악하고

상황에 맞는 공격으로 주도권을 유지하는 것을 목표하면 됩니다.

대화의 창을 잠깐 거쳐서 '먼저'와 '나중'이 확실히 정해지면

자기가 처한 상황에 맞는 움직임을 계속 이어나갈 수 있는 겁니다.

덜덜덜

후리기나 보관으로 묶기 등의 옵션이 제한된 레이피어 같은 무기로 싸울 때는
일시적으로 이러한 대치 상황을 만들기도 합니다.

이렇게 접촉시키면
어느 쪽도 먼저
찌르기가 부담스럽죠.

제대로 공격을 시도하려면
칼을 떼어내야 하는데
그러면 타이밍을 들키잖아요.

상대의 선공을
끌어내는 압박과
속임수가 중요해집니다.

하지만 후리기와 찌르기가 모두 가능한 무기들은 앞서 설명한 예시들이 똑같이 적용됩니다.
따라서 싸움에 익숙한 사람들 사이의 교전에선 대화의 창에서의 대치 상태가 오래 이어지지 않습니다.

"활동 속에 머물면
살고 멈추면 죽는다."

리히테나우어의 요결이
설명하는 이 원칙은 모든
무기에 적용됩니다.

한손검과 손방패

큰 방패와 검

후리기와 찌르기가 가능한
긴 손잡이 무기

⚜ 절반의 검(halb Schwert)

절반의 검, 혹은 짧은 검(kurzen Schwert)이라고 부르는 이 동작들은
20세기 말 대중에게 르네상스 무술이 알려지기 시작할 때의 상징적인 이미지입니다.

이러한 동작은 검도나 펜싱처럼 좀 더 대중적으로 알려진 검을
사용하는 무예에서는 보기 힘든 낯선 것이었습니다.
그래서 칼날의 중간을 잡고 싸우는 이미지는
르네상스 유럽 무술의 대표적인 인상으로 재생산됩니다.

칼날의 중간을 손으로 잡는다는 사실 자체를 신기해하는 사람들이 많지만, 거기에 대해서는 앞서 충분히 설명했습니다.

지이잉

절래 절래

이런 걸로는 못하죠. ㅎㄷㄷ

포스의 어두운 면을 무서워서 못하는거야.

손이 닿으면 무조건 베일 정도로 날을 세워놓을 필요도 없고요.

슈각

실제 검은 〈스타워즈 시리즈〉의 광검이나 〈건담〉의 빔샤벨과 다르고

면도날같이 예리하고 섬세한 날은

검이 아니라 작업용 공구에 더 적합한 디자인입니다.

검의 날은 아주 날카롭지 않아도 적절하게 사용하면 물체를 쉽게 절단할 수 있다.

그러니 할 수 있냐 없냐 같은 뻔한 얘기가 아니라 더 중요한 얘기를 해봐야죠.

도대체 무슨 이유로

멀쩡한 긴 검을 짧게 잡고 사용해야 하는 걸까?

〈짧은 검(kurzen Schwert)〉

긴 무기가 가지고 있는 유리함은 명확합니다.

즉 긴 무기는 교전을 시작하기 전인 전초 단계에서의 우위를 활용하는 것이 좋습니다.

무기가 서로 접촉한 상황일 때, 짧은 무기는 긴 무기보다 더 강한 지렛대 힘을 발휘할 수 있습니다.

같은 무기를 들고 싸울 때도 접촉 시 길이에 따라 유불리가 나타납니다.

긴 칼끝 태세로
몸을 뻗어 묶인 상태

칼을 몸에 당겨 짧게 줄인
쟁기 포진으로 부드럽게
공격을 받아낸 상태

나는 이때 상대의 칼을
쉽게 제어할 수 있지요.

여기서 내가
상대에게 휘둘리지
않으려면

내 칼을 더 짧게
만드는 태세로
접근하면 되는데….

그 대응으로 칼이
더욱 짧아지는 태세를
만들 수도 있습니다.

힘으로 밀어낼
수가 없잖아?!

사
삭

절반의 검은 칼의 길이는 짧아지지만
그만큼 강력한 지렛대 힘을 만들어내서,
접촉한 상대의 칼을 쉽게 제어할 수 있는 태세입니다.

일정한 길이의 무기로 싸워야 할 때도
무기 길이에 따른 유불리는 상황에 따라 계속 달라집니다.
지나치게 긴 무기나, 지나치게 짧은 무기와 비교할 때
검이 가지는 장점은 다양한 상황에 대해
융통성이 있다는 것입니다.

하나의 무기로
이 모든 거리를
소화한다!

불안정하지만 멀리서
기습적으로 날리는 채찍질

전초에서 찌르기나
후리기를 할 때
거쳐가는 긴 칼끝

전초에서는 몸을 보호하고
교전에서 상대를 공격하는
포지들

가장 강한 지렛대 힘으로
상대의 칼을 제어하고
씨름하는 절반의 검

단검처럼 길이가 짧은 무기는
융통성을 발휘하는 데 한계가 있습니다.

훗!!

허접한 무기로
말도 안 되는
전투력!

화르륵

그런 한계를
극복하는 것이 곧
'강함' 아니겠나?

화르르르

그것이 바로
픽션의 로망!

융통성 없는 무기를 사용하는 연출로
강한 캐릭터를 표현하는 경우가 많았다.

나는 로망보다는
실용성이 더 좋아.

필요할 때
짧게 잡을 수
있으면 됨.

손잡이가 긴 무기는 몸이 서로 닿을 정도의 거리에선 불편하지만,
그보다 먼 거리에서는 융통성이 있습니다.

〈긴 손잡이 무기 사용법의 기초〉

절반의 검을 사용한 동작의 원리는 그대로 긴 손잡이 무기를 사용하는 방법으로 연결됩니다.

양쪽 끝을 번갈아가며
공격에 사용한다.

양쪽 끝을 번갈아가며
공격에 사용한다.

양쪽 모두 무기의 모든 부분을
사용해서 상대의 공격을 흘려낸다.

똑같이 무기의 양쪽 끝으로 공격하고, 무기 전체를 방어에 사용하는 등
절반의 검과 긴 손잡이 무기는 같은 동작을 그대로 활용해서 싸웁니다.

유일하게 달라지는 것은
똑같은 동작을 수행할 때
상대와의 거리입니다.

상대의 찌르기를 밀쳐내면서
되찌르기하는 상황

서로 손과 팔을
휘감아 잡을 수 있다.

공격과 방어가
이루어질 때
서로 몸이 닿는

씨름 가능한
거리가 됩니다.

똑같은 동작의 합을
긴 손잡이 무기로
나눈다면

검을 들고 교전할 때의
거리가 됩니다.

헤집기 싸움을
해야 하는 거리

긴 손잡이 무기들 가운데 후리기가 가능한 머리를 달고 있는 종류는
그 무게 때문에 둔하고 공격 중 방향을 재빨리 전환하기가 어렵습니다.

아니 그걸
보면 모르나?

딱 봐도 둔하게
생겼잖아요.

묵직

든든…

교전 단계에서 무거운 머리 부분만 사용해서
상대를 공격하려 한다면
제대로 기회를 잡을 수 없을 겁니다.

아래쪽에 트임이
생겼는데
저길 치다간
내가 먼저 죽을 듯.

게임에서라면 '연사속도'가 느리게
설정되어 느릿느릿 휘두르겠지만
현실에서도 그러면 자기 방어가 불가능합니다.

그러나 무게추와 칼끝을 번갈아가며 사용하는 절반의 검을 운용하면,
검으로 싸울 때만큼 민첩하게 상대의 트임을 위협하고 자신을 방어할 수 있습니다.

이것이 바로
앞에서 얘기했던
융통성입니다.

무겁고 둔한 무기를
가지고도 자기 방어를
할 수 있어요.

부ㅡ웅

느리고 반격에 취약하다.

민첩하고
대응력이 좋다.

무기가 길다고
무조건 멀리 뻗으면서
찌르고 휘둘러야 하는 건
아닙니다.

상황에 따라 짧게 잡고
민첩하게 사용할 수도
있는 거죠.

절반의 검은
중세-르네상스 서양 무술의
상징처럼 취급되지만

잘 찾아보면 서양 무술에만
있는 동작은 아닐 겁니다!

칼날의 중간을 잡고 싸우는 절반의 검 동작들은
이상하고 특이한 차력쇼가 아니라,
진지한 싸움에서 필요로 하는 유연함을 보여주는 사례입니다.

그 외의 칼을 잡는 방법

절반의 검에 대해 다루면서 언급한 대로,
상황에 따라 다양하고 융통성 있는 방법으로
검을 잡을 수 있습니다.

그럼 이런 것도
가능?!

〈해적왕의 동료 그립〉

나는 이런 거
해보고 싶었어!

〈울버린 그립〉

진지함 없이 장난으로
접근하는 상대는

융통성까지도 필요없고
그냥 기본 동작만으로
입구컷이거든요?

이어서 소개할 것들은 모두 목숨이
걸린 진지한 싸움(ernst Fechten)
상황에서 나오는 변형들입니다.

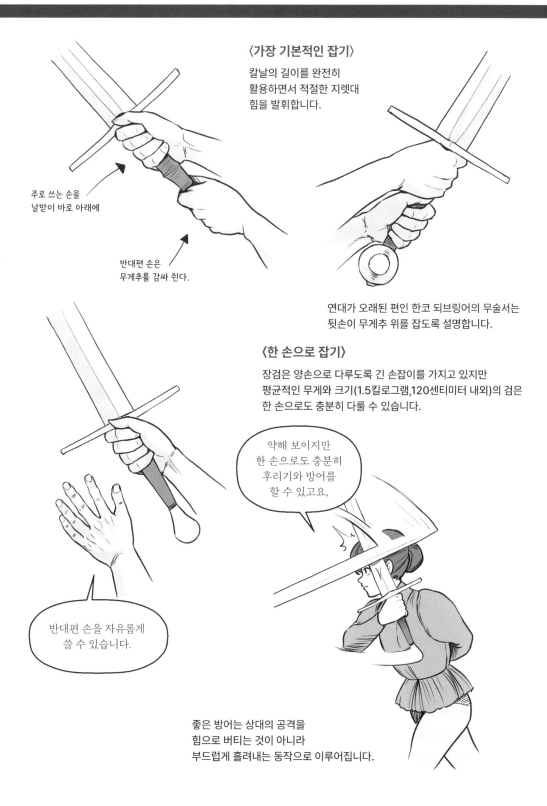

〈가장 기본적인 잡기〉

칼날의 길이를 완전히
활용하면서 적절한 지렛대
힘을 발휘합니다.

주로 쓰는 손을
날받이 바로 아래에

반대편 손은
무게추를 감싸 쥔다.

연대가 오래된 편인 한코 되브링어의 무술서는
뒷손이 무게추 위를 잡도록 설명합니다.

〈한 손으로 잡기〉

장검은 양손으로 다루도록 긴 손잡이를 가지고 있지만
평균적인 무게와 크기(1.5킬로그램,120센티미터 내외)의 검은
한 손으로도 충분히 다룰 수 있습니다.

약해 보이지만
한 손으로도 충분히
후리기와 방어를
할 수 있고요,

반대편 손을 자유롭게
쓸 수 있습니다.

좋은 방어는 상대의 공격을
힘으로 버티는 것이 아니라
부드럽게 흘려내는 동작으로 이루어집니다.

〈채찍질(Geisseln/Gayszlen)〉

무게추 끝을 잡고
먼 거리에서 기습적으로
상대의 트임을 향해 날립니다.

상대가 잘 대응하면
뒷수습이 어려우니까
상황을 잘 봐서!

검을 가장 멀리까지 뻗을 수 있지만
지렛대 힘도 가장 약해지는 동작입니다.

〈손가락을 사용한 칼날 정렬〉

검이 최대 위력을 발휘하기 위해서는 후리기의 방향과 칼날이 향하는 방향이 정확하게 일치해야 합니다.
특정 위치에 손가락을 넘겨 잡는 동작이 이러한 정렬에 도움이 됩니다.

검지를 날받이 너머로 걸어서 잡으면
앞날을 사용해서 벨 때 칼날과 후리기의
방향을 정확하게 일치시켜줍니다.

검을 현역으로
사용하던 시대의
작품 속에서도
볼 수 있습니다.

틴토레토의
〈성 바울로의 순교〉
(1556년 작)가
대표적입니다….

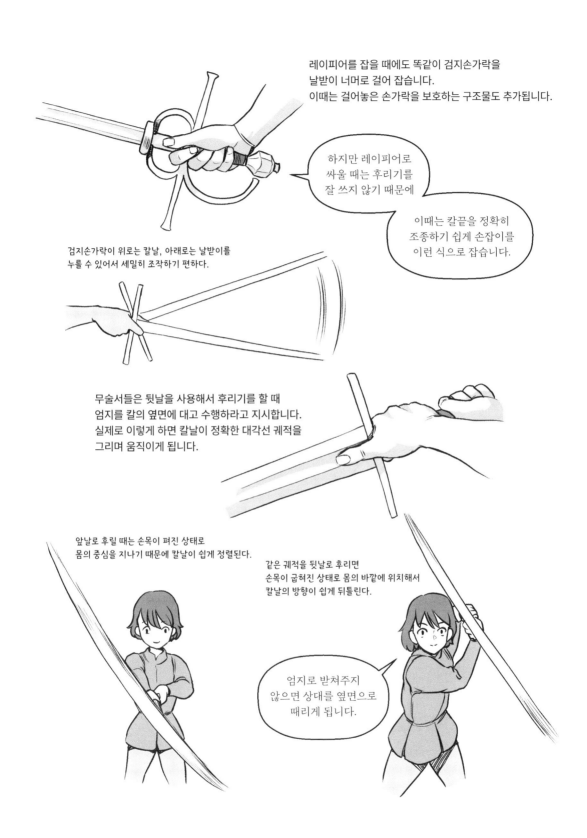

레이피어를 잡을 때에도 똑같이 검지손가락을
날받이 너머로 걸어 잡습니다.
이때는 걸어놓은 손가락을 보호하는 구조물도 추가됩니다.

하지만 레이피어로
싸울 때는 후리기를
잘 쓰지 않기 때문에

이때는 칼끝을 정확히
조종하기 쉽게 손잡이를
이런 식으로 잡습니다.

검지손가락이 위로는 칼날, 아래로는 날받이를
누를 수 있어서 세밀히 조작하기 편하다.

무술서들은 뒷날을 사용해서 후리기를 할 때
엄지를 칼의 옆면에 대고 수행하라고 지시합니다.
실제로 이렇게 하면 칼날이 정확한 대각선 궤적을
그리며 움직이게 됩니다.

앞날로 후릴 때는 손목이 펴진 상태로
몸의 중심을 지나기 때문에 칼날이 쉽게 정렬된다.

같은 궤적을 뒷날로 후리면
손목이 굽혀진 상태로 몸의 바깥에 위치해서
칼날의 방향이 쉽게 뒤틀린다.

엄지로 받쳐주지
않으면 상대를 옆면으로
때리게 됩니다.

〈올려붙잡기(Ubergreiffen)〉

절반의 검처럼 바로 눈에 띄지 않는 작은 동작이지만 순간적으로 손잡이를 더 길게 잡아 강한 지렛대 힘을 만들어냅니다.

상대의 공격을 흘려내면서 앞손을 날밭이 위로 넘겨서 옆면을 누르거나 잡는다.

어어?
왜 내 칼이 밀려나?

아주 짧은 순간에 이루어지는 작은 동작을 통해 상대의 칼을 강한 지렛대 힘으로 치울 수 있다.

올려붙잡기는 칼날의 강한 부분을 잡는 동작입니다. 긴 손잡이 무기를 상대할 때 좀 더 쉽게 접촉을 만들며 접근하는 용도로 쓸 수 있습니다.

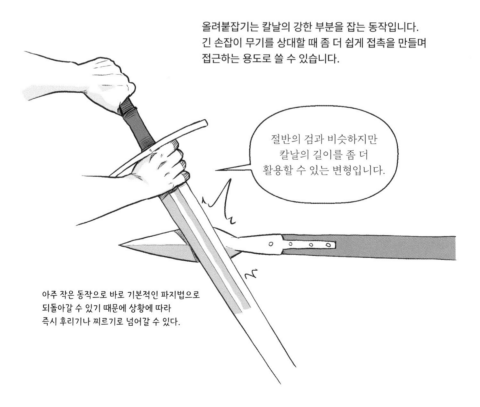

절반의 검과 비슷하지만 칼날의 길이를 좀 더 활용할 수 있는 변형입니다.

아주 작은 동작으로 바로 기본적인 파지법으로 되돌아갈 수 있기 때문에 상황에 따라 즉시 후리기나 찌르기로 넘어갈 수 있다.

〈살인때리기(Mortschlag)〉

양손으로 칼날을 붙잡고 무게추나 날받이를 사용해서 상대를 때립니다.

깡-

손잡이로 상대를 직접 때려서
무력화시키는 경우

날받이를 갈고리로 사용해서
상대의 방어를 무너뜨리는 사용법

서양 검은
둔기라는 말,
다 낭설이라며?

진짜 철퇴로 쓰잖아?

이 동작은 평복싸움에서 상대의 강한 지렛대 힘을 무력화할 때,
갑옷을 입은 상대를 직접 타격할 때 유용합니다.
절반의 검으로 높은 태세에 있을 때 쉽게 나올 수 있습니다.

갑옷을 입으면 시야가
좁아지기 때문에 상대가
높은 태세에 있다는 건
알 수 있어도

갑옷의 시야로는
높은 태세의 칼이
잘 보이지 않는다.

아니면 살인때리기로
들어올지 구분하기
더 힘들어집니다.

상대가 거기서
찌르기로 들어올지

그 외에도 칼을 잡는 방법은 상황에 따라 다양한 형태로 나올 수 있습니다.

〈피오레의 쌍각수 태세〉

〈요아힘 마이어의 열쇠 태세〉

〈기본적인 잡는 모습에서 손의 방향이 뒤집힌 경우〉

⚜ 거대한 검 다루기

사용자의 키에 맞먹거나 아예 훌쩍 넘는 길이의 거대한 검은 세상에 존재했다는 사실만으로도
많은 사람, 특히 작가들에게 강렬한 영감을 줍니다.

실제로 그런 거대한 검이 진지한 싸움이나 전쟁터에서 사용되기도 했습니다.
하지만 무게는 생각보다 가볍습니다.

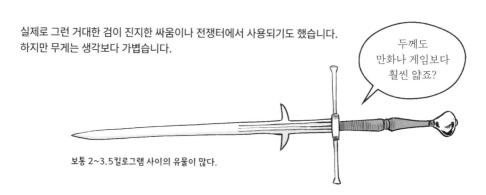

보통 2~3.5킬로그램 사이의 유물이 많다.

〈게임과 만화에 나오는 검은 왜 과장이 심해야 하는가?〉

이건 좀 심한 거 아냐?

나는 거대 몬스터를 잡아야 하거든.

고증 중시 파

창작물은 창작물이다 파

괴물 사냥에 굳이 검을 쓰냐는 문제는 넘어가고, 일단 검을 등장시키기로 했을 때 얘기를 해봐요.

아니, 원시인들이 집채만 한 매머드 잡을 때도 투창 썼거든?

그런 식으로 따지면 그냥 창작물이란걸 다 없애야 하거든요? 플라톤임?

게임과 만화에서는 실제보다 심하게 과장해야 하는 합리적인 사정이 있거든요.

길이 180센티미터, 무게 3.5킬로그램짜리 검을 실제로 보면 그 위용에 압도되는 경험을 할 수 있습니다.

정말 이걸로 갑옷을 잘라버렸나 봐! 진짜 무식하네!

위풍

쩐다...

당당

실제로는 큰 검이라 해도 갑옷을 잘라버리는 건 거의 불가능하지만

중요한 건 실물을 봤을 때 그런 상상이 떠오를 정도로 압도적인 인상을 받는다는 거죠.

하지만 게임이나 만화 속 캐릭터들에게
실물 비율의 대형 검을 들려주면
그렇게 깊은 인상을 주기가 어렵습니다.

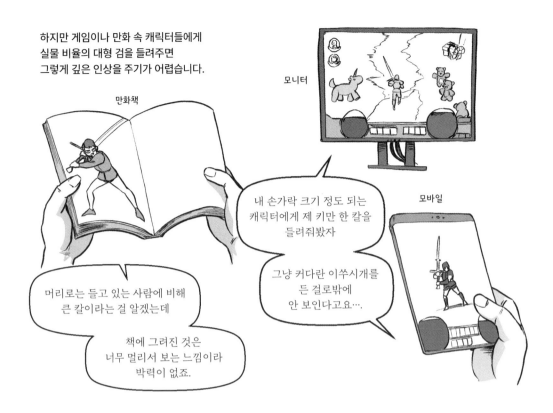

만화책

모니터

모바일

내 손가락 크기 정도 되는
캐릭터에게 제 키만 한 칼을
들려줘봤자

그냥 커다란 이쑤시개를
든 걸로밖에
안 보인다고요….

머리로는 들고 있는 사람에 비해
큰 칼이라는 걸 알겠는데

책에 그려진 것은
너무 멀리서 보는 느낌이라
박력이 없죠.

그래서 이런 매체에 등장하는 인물이 거대한 무기를 사용하는 것을 인상적으로 표현하려면
실제보다 매우 극단적으로 과장해야 합니다.

이 정도 과장해도
실물을 보는 느낌의
백분의 일이나
따라잡으려나?

〈거대한 검을 위한 특별한 사용법〉

거대한 검의 실물이 갖는 강렬한 존재감은 보는 사람으로 하여금
이렇게 대단한 무기는 사용법도 특별하리라고 생각하게 합니다.

으아…
괴물이네.

일반적인 장검보다
딱 두 배 정도 무겁고

길이는 1.5배 정도
더 깁니다.

휘두르려면 특별한
기술이 필요하겠군요?

아뇨 별로….

그냥 크기만 좀 클 뿐,
똑같은 양손용 장검입니다.

뭐!? 웃기지마

로망에
대한
배신!!

거대한 양손검은 특별해 보이지만
사실은 전혀 특별하지 않다는 것이 특징입니다.

거대한 크기 때문에 잘 실감이 나지 않을 수도 있지만,
이 양손검의 무게는 2~3킬로그램에 불과합니다.

...이 무게를 저렇게 얇고
길게 펴 늘려놓았으니
당연히 갑옷을 못 자르지!

설탕 한 봉지　　　　고양이 한 마리　　　　가벼운 아령

따라서 일반적인 양손용 장검보다 조금 무거울 뿐,
장검으로 수행할 수 있는 동작이라면 충분히 해낼 수 있습니다.

다섯 종류의 사범의
후리기도 모두
가능하고요,

방어에 필요한 포진과
중간 자세들도 모두
다 나옵니다.

내가 의외로
경력이 길다
이 말입니다.

일반 장검이랑 비교하면
두 배나 무겁지만,
수치로 따지면 겨우 1.5킬로그램
더 묵직해진 것뿐이잖아요.

길이 140센티미터가 넘는 대형 검의 유물은
15세기 이전의 것부터 꾸준히 나오지만,
이를 위한 특별한 사용법을 기록해둔
이 시대의 무술서는 발견되지 않았습니다.

대형 양손검을 다룰 때 일반적인 장검과의 차이점은 크게 두 가지입니다.

1. 대형 양손검은 검을 다루는 기본기에 대한 높은 숙련도를 요구한다.

싸움에 쓸 수 있느냐를 떠나서,
가벼운 검은 다소 억지스러운 움직임으로 다루더라도
근력이 받쳐주면 칼을 움직일 수 있습니다.

그러나 정확한 움직임을 몸에 익히지 않은 상태에서
무거운 검을 억지로 움직이려고 하면
속도를 충분히 내지 못하거나
관절과 인대에 부상을 입을 수 있습니다.

2. 무거운 검은 가벼운 것보다 좀 더 높은 기초체력을 요구한다.

대형 양손검이 압도적으로 강한 근력을 요구하지는 않습니다.
그러나 장검을 쓸 때와 같은 기세를 유지하면서 싸우기 위해서는
심폐 지구력 같은 기초 체력이 더 필요합니다.

장검 사용이 뜸하게 된 16~17세기에 들어서면서 비로소
무술서에서 대형 양손검 다루는 법을 따로 설명하기 시작합니다.

이 시대에는 총이 주무기가 되고 호신용 검의 유행은 레이피어로 넘어갔지요.

버티지 말고 어서 오렴 경로당으로!

이제 나도 은퇴할 때가 되었나….

1651년 피게레도의 『Memorial Da Prattica do Montante』

1653년 알피에리의 『L'arte di ben maneggiare la spada』

마치 본편은 이미 망했는데 스탠드 얼론 확장팩 서비스만 계속 유지하는 것 같네요.

이런 책들이 대형 양손검 사용법을 다루고 있긴 합니다만….

이 시기의 무술서들은 양손검으로 똑같은 무기를 든 상대와 어떻게 싸우는지는 거의 다루지 않습니다.
대신 기본적인 동작과 특정한 상황에 어떻게 대응해야 하는지만 단편적으로 보여줍니다.

좁은 골목에서 싸울 때

칼을 휘두를 공간이 부족해도 피게레도의 비법이면 안심!

방패를 든 두 사람을 상대해야 할 때

긴 손잡이가 무기 혹은 투창을 상대할 때

누군가를 호위하면서 싸울 때

정작 총 든 녀석을 상대하는 요령은 없네….

있겠냐? ㅋ

⚜ 방패와 단검

한 손으로 검을 다룰 때도 반대편 손이 가만히 있는 것은 아니며, 싸움에 적극적으로 활용됩니다.
맨손으로 싸울 때도 양쪽 손이 모두 공격과 방어의 역할을 수행하는 것과 똑같습니다.

때리고, 꺾고, 비틀고….

「신체 접촉」에서 다룬 내용이죠.

싸울 때 반대편 손도 쓸 수 있으면 좋겠죠?

실제로 칼만으론 할 수 없는 기술을 쓸 수 있고요.

한손검을 사용할 때 보조 무기를 같이 쓴다면
맨손으로 두는 것보다 더 큰 도움이 될 것입니다.

장비 가능: 단검

기본 장비: 맨손
방어력: 0
특수기: 붙잡기, 꺾기,
뒤집기, 비틀기, 때리기…
사용 가능…

장비 가능: 방패

방패와 패링대거는 둘 다 검의 손잡이~강한 부분의 역할을 더 강화한 도구입니다.

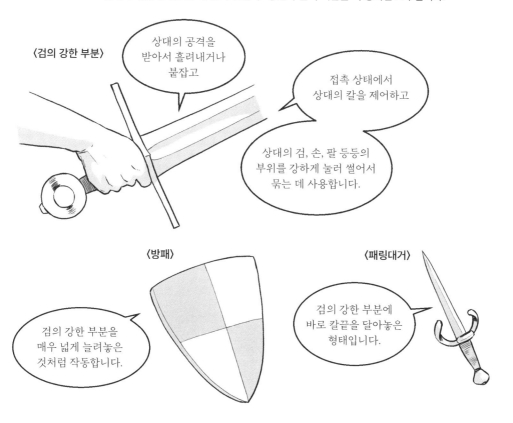

〈검의 강한 부분〉

상대의 공격을 받아서 흘려내거나 붙잡고

접촉 상태에서 상대의 칼을 제어하고

상대의 검, 손, 팔 등등의 부위를 강하게 눌러 썰어서 묶는 데 사용합니다.

〈방패〉

〈패링대거〉

검의 강한 부분을 매우 넓게 늘려놓은 것처럼 작동합니다.

검의 강한 부분에 바로 칼끝을 달아놓은 형태입니다.

두 장비는 모두 손과의 거리가 가깝기 때문에
긴 무기를 상대로 훨씬 강한 지렛대 힘을 발휘할 수 있습니다.

상대의 검과 접촉한 상태일 때
힘으로 밀려서 제어당할 걱정이 없어요.

전초에서 방패는 상대의 공격을 흘려내는 데 탁월한 성능을 발휘합니다.

반대로 단검은 전초에서 상대의 공격을 잡아서 가두고 제어하는 데 기능을 발휘합니다.

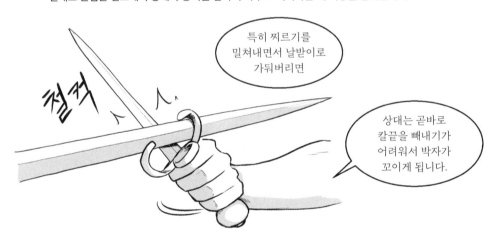

그러나 둘 중 어느 쪽도 상대의 제대로 된 후리기를 혼자서 감당해내기는 어렵습니다.

좋은 방어는 단순히 상대의 공격을 막기만 하는 것이 아니라
상대가 공격 도중 노출한 트임을 위협할 수도 있는 동작입니다.
전초 거리에서 방패나 단검만 사용하면 이런 좋은 방어를 수행하기가 불가능합니다.

방패는 상대의 검을
흘리기만 할 뿐
붙잡지 못하고

상대의 노출된 트임을
전초에서 위협할
수단도 없습니다.

퍽..

수욱

그래서 방패로만
방어하면 상대는
아주 쉽게 후속 공격을
이어갈 수 있어요.

단검도 마찬가지로
전초에서는 상대를
위협하지 못하기 때문에

상대는 안전하게
속임수로 다른 트임을
만들 수 있습니다.

단검이 아무리
상대 칼을 잘 잡아
가둘 수 있다고 해도

상대가 아예
접촉을 피해버리면
쓸모 없는 장점이죠.

따라서 방패나 단검으로 전초의 공격을 방어할 때는 반대편 손에 든 주무기를 같이 사용해야 합니다.

장검으로 치우기
할 때랑 똑같죠?

방패를 활용한
좋은 방어

단검을 사용한
좋은 방어

게임에서는 방패를 들고 '가드' 모션을 하는 것만으로 상대의 공격을 막거나
피해를 줄여주는 효과가 있는 것으로 묘사하지만, 이것은 게임적 허용에 가깝습니다.

그냥 들어서 막는 걸로는
방어할 수 없다니

게임에서 보던
방패 사용법이랑
많이 다르네요.

〈포 아너〉의 완전 막기 자세
게임 시스템에서는 공격이 아니라 몸으로
들이받는 가드브레이커로 대응해야 하는 태세입니다.

게임에선 상대의
큰 공격을 차단해서

박자를 빼앗는
용도로 쓰곤 합니다.

방패가 가만히 있으니
안심하고 다른 곳을
칠 수 있군.

하지만 실제 싸움에서 방패로 이처럼 수동적인
방어를 한다면 검만으로 간단하게 격파할 수 있습니다.

방패는 상대 검의
강한 부분과 똑같으니까
'강한 부분과 엮일 때'라는
쌍동의 조건에 들어맞습니다.

방패와 검이 가리지 못하는 다른 트임을 노리기 쉬워진다.

쌍동 같은 헤집기 동작에도 그대로 노출된다.

상대와 무기를 교차해서 헤집기로 싸우는 교전 단계에서는 방패와 단검 모두 굉장히 공격적으로 운용됩니다.

이 거리에서는 방패와 단검이 바로 상대의 신체에 닿기 때문에

트임이 보이면 바로 공격에 쓸 수 있어요!

복싱에서도 주로 쓰는 손 하나만으로 공격하진 않잖아요?

방패는 방어구가 아니라 검과 같은 무기의 일종이다!

양손을 전부 써야 경기를 풀어나가죠.

방패는 헤집기 싸움 도중 검의 강한 부분이 수행하는 묶기, 썰기 같은 동작을 더욱 강력하게 할 수 있습니다.

헤집기, 대화의 창에서 다뤘던 요령이랑 똑같이

상대가 가만히 머물거나 다른 곳을 치려고 칼을 뺄 때 이런 묶기를 쓸 수 있습니다.

방패로 상대의 양손을 한꺼번에 묶는 방패치기(Schiltslac)

한손검과 방패를 들고 싸운다고 싸움의 원리가 달라지지는 않는다.

단검이 할 수 있는 것은 비교적 더 직관적이고,
게임 등의 매체에서 보던 것과 가깝습니다.

칼끝이 두 개니까
공격력도 두 배!

달려들기를
하는 상황일 때

검 한 자루로
싸울 땐 씨름으로
이어지겠지만

단검을 사용한다면
찌르기로 더 빨리
끝낼 수 있겠죠.

반대로 내 검이 높은 곳에
머무는 걸 본 상대가
달려들기를 시도하고 싶어도

칼끝이 하나 더 생기니까
방어가 된다니
뭔가 아이러니하네.

낮은 트임에도 여전히
칼끝이 남아 있으니
실행하기 어렵습니다.

실제 무기를 든 싸움에서는
게임처럼 [공격력]과 [방어력]을
구분해서 수치화하기 어렵다.

평범하게 헤집기 싸움을 하는 경우에도 단검은
방패와 똑같이 상대의 검을 효과적으로 묶고 제어하는
'검의 강한 부분' 역할을 수행합니다.

〈양손에 무기를 들 때의 주의사항〉

방패나 단검 같은 보조 무기를 들고 양손을 따로 움직이는 상황에서
주의해야 하는 트임이 있습니다.
바로 양손이 떨어졌을 때 드러나는 가운데 공간입니다.

전초에서는 노리기
어려운 트임이지만

교전에서
헤집기 싸움을 할 때에는
아차하는 순간 노출됩니다!

여기!

여기!

그러니 교전에서는
상대의 무기가 내 몸의
중앙으로 들어오지
못하도록 하고

가급적 양손을 같이
붙여서 움직이다가

씨름 상황으로 넘어갈
거리일 때 양손을 따로
사용하도록 합니다.

???

그냥 칼 한 자루
들고 싸우는 거랑
똑같네?

사용하는 무기가 달라진다고 해서
싸움의 방식이 근본적으로 바뀌지는 않는다.

⚜ 갑옷을 입은 싸움(Harnischefechten)

미디어의 갑옷 묘사는 대체로 둘 중 하나입니다.

모든 공격을 정면으로 받아내며 돌진할 수 있는
무적의 인간 탱크를 만드는 장비처럼 표현하거나,

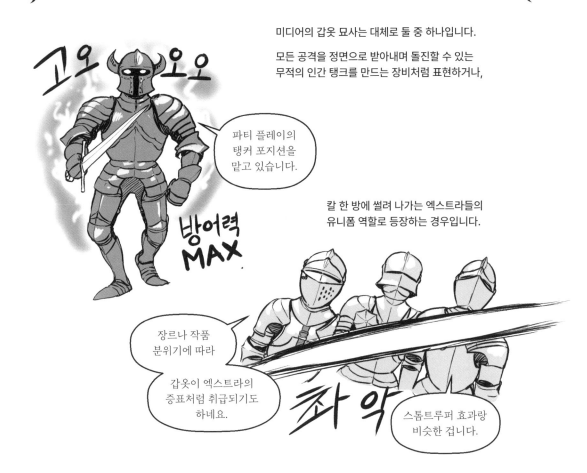

고오오오

방어력
MAX

파티 플레이의
탱커 포지션을
맡고 있습니다.

칼 한 방에 썰려 나가는 엑스트라들의
유니폼 역할로 등장하는 경우입니다.

장르나 작품
분위기에 따라

갑옷이 엑스트라의
증표처럼 취급되기도
하네요.

좌악

스톰트루퍼 효과랑
비슷한 겁니다.

이야기로서는 별로 재미가 없겠지만 많은 분이
예상하시는 대로 실제 갑옷을 입은 싸움은 위의
두 가지 극단적인 상황 사이 중간쯤에 걸쳐 있습니다.

슈퍼 로봇

진짜 갑옷의 성능

허수아비

〈갑옷의 강점〉

르네상스 무술 시기의 대표적인 갑옷 양식은 역시 전신을 철판으로 덮은 풀 수트 오브 플레이트일 것입니다.
철판으로 덮인 부위는 검으로 베거나 찌르는 공격으로부터 거의 완벽히 보호받습니다.

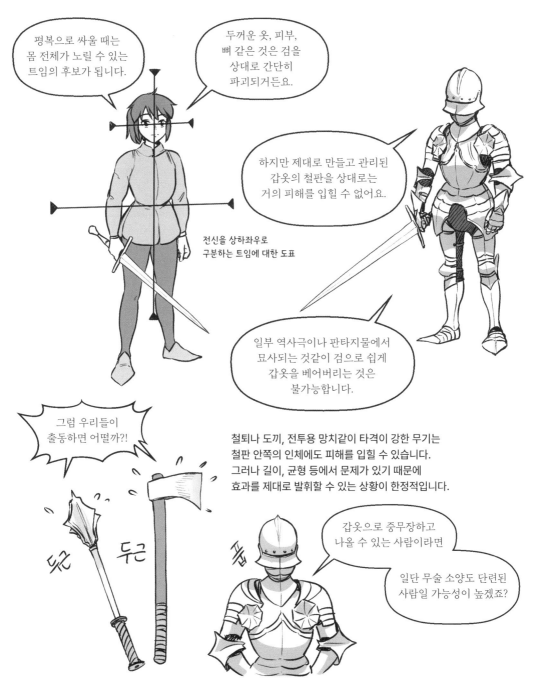

평복으로 싸울 때는
몸 전체가 노릴 수 있는
트임의 후보가 됩니다.

두꺼운 옷, 피부,
뼈 같은 것은 검을
상대로 간단히
파괴되거든요.

하지만 제대로 만들고 관리된
갑옷의 철판을 상대로는
거의 피해를 입힐 수 없어요.

전신을 상하좌우로
구분하는 트임에 대한 도표

일부 역사극이나 판타지물에서
묘사되는 것같이 검으로 쉽게
갑옷을 베어버리는 것은
불가능합니다.

그럼 우리들이
출동하면 어떨까?!

철퇴나 도끼, 전투용 망치같이 타격이 강한 무기는
철판 안쪽의 인체에도 피해를 입힐 수 있습니다.
그러나 길이, 균형 등에서 문제가 있기 때문에
효과를 제대로 발휘할 수 있는 상황이 한정적입니다.

둔! 두근

쿵

갑옷으로 중무장하고
나올 수 있는 사람이라면

일단 무술 소양도 단련된
사람일 가능성이 높겠죠?

〈갑옷의 취약점〉

15~16세기에 활동한 군인이자 사범 피에트로 몬테는 저서 『Collectanea』에서 다음과 같이 증언합니다.

나는 전신갑주로 중무장한 두 사람이 순식간에 서로 중상을 입히고 쓰러지는 것도 보았다.

마치 서로 알몸에 셔츠 한 장만 걸친 상태로 싸운 것처럼.

…그럼 갑옷의 방어력은 셔츠랑 동급이거나 그 이하라는 소린가요?

대항하는 방식에 따라서는 차라리 평복을 입고 싸우는 것이 더 안전할 수도 있습니다.

'풀 수트 오브 플레이트'라고 하지만, 진지한 싸움을 위해 입는 갑옷에는 생각보다 많은 부위가 철판 없이 노출되어 있습니다.

〈갑옷의 급소! 찌르면 죽는다!〉

눈구멍
겨드랑이
팔꿈치 안쪽
손바닥
사타구니

허벅지 뒤쪽
무릎 뒤쪽
그 외 상황에 따라 드러나는 철판 사이의 틈

제대로 움직이고 싸우려면 이런 부위는 터놓아야 하거든요.

사타구니와 겨드랑이 같은 곳에 사슬갑옷을 덧대지만

베이는 걸 막아줄 뿐 강하게 찌르는 것까지 막지는 못해요.

이러한 부위들을 철판으로 덮어 보강하려고 하면 무술적 움직임을 제대로 수행하기가 어려워져서 전투 중 더 큰 위험에 처하기 쉽습니다.

딴 딴

토너먼트 경기를 위한 갑옷은 저런 틈을 철판으로 가릴 수 있다.

갑갑

진지한 싸움을 위한 갑옷은 싸움에 필요한 동작을 민첩하게 수행할 수 있도록 디자인되어 있습니다.

특히 모든 무술의 기초인 걸음은 평복 상태와 다름없이 소화할 수 있어요.

로보캅같이 둔해빠진 움직임과는 거리가 멀죠.

팔을 일정 높이 이상으로 들어 올리거나 꼬는 동작이 불편한 갑옷도 있지만, 일상에서는 몰라도 무술 동작을 수행하는 데는 거의 방해되지 않습니다.

팔을 필요 이상으로 들어 올리는 동작은 싸움에선 오히려 불리하니 차라리 장점이라 봐도 될지도?

제대로 볼 수 없는 영역

볼 수 있는 영역

제대로 볼 수 없는 영역

하지만 시야가 제한되고 소음이 심한 것 등 감각을 둔해지게 하는 여러 문제가 있습니다.

턱 아래에서 무슨 일이 벌어지는지 눈으로 볼 수 없으니 그냥 감으로 파악해야 합니다.

또한 20킬로그램 이상의 추가 중량을 몸에 걸치고 있는 만큼 똑같은 동작을 해도 더 빨리 지치게 됩니다.

헉   헉   헉

특정 상황에 대한 안전을 얻는 대신 반대 측면의 약점이 더 커지는 것입니다.

갑옷을 입은 싸움은 이러한 장단점을 염두에 두고
앞서 다뤘던 평복싸움의 원리들을 그대로 적용해서 수행합니다.

리히테나우어의 요결이나
피오레의 무술서 등등
모든 무술서가 공통적으로
설명하는 내용입니다.

싸움의 원리는 맨손을 비롯한 모든 무기,
평복, 갑옷, 도보전, 기마전 등에도
그대로 통용된다는 것이죠.

〈전초〉

평복싸움을 수행할 때와 마찬가지로 포진으로 자신의 트임을 가리면서
선제타를 날릴 수 있는 거리까지 접근합니다.

그런데
디테일에는
차이가 있지요?

가려야 할 트임이
달라지니까

사용하는 포진도
달라집니다.

황소

쟁기

우리는
좌우로 날아오는 후리기를
치우고 깨는 데 유용한데

갑옷은 그런 후리기를
무시할 수 있게 해줍니다.

황소, 쟁기처럼 좌우의 트임을 보호하는 포진은
갑옷을 입은 싸움의 전초에서 별 의미가 없습니다.

미디어에는 갑옷을 입고
평복싸움의 포진을 쓰는
의미 불명의 묘사가 많다.

상대가 갑옷을 입었을 때 전초에서 검으로 노릴 수 있는 트임은 모두 신체 중앙에 가깝게 모여 있습니다.

그래서 전초에서는 이렇게 검을 가운데 두는 포진으로 안전하게 접근할 수 있어요.

피오레의 무술서에서 짧은 태세(posta breve)라고 설명하는 자세

그 외에도 뭐가 되었든 중앙의 트임을 노리고 오는 찌르기에 대응할 수 있는 포진을 사용합니다.

철문

여인의 태세

절반의 철문

쌍각수

전초에서 적절한 거리에 도달한다면 노출된 트임을 찾아서 선제타를 날립니다.

이렇게 한 방으로 끝낼 수 있으면 가장 좋고

못해도 상대가 나쁜 방어로 묶이도록 확실하게 트임을 노립니다.

〈교전과 씨름〉

서로가 무술에 소양이 있다면 선제타를 빼앗긴 쪽도 한 방에 무력화되지 않고 방어할 수 있을 것입니다.
방어 동작을 수행하면서 서로의 무기가 교차된다면 바로 교전 단계로 넘어가게 됩니다.

절반의 검으로 찌르기를
밀쳐내면서 반격

상대가 공격하면서 노출한
트임을 쫓아 들어가는
치우기 공격을 할 것!

좋은 방어의 원칙 역시
평복싸움과 똑같습니다.

갑옷은 신체의 대부분이 검의 강한 부분, 곧 방패와 같은 역할을 수행할 수 있게 해줍니다.
그래서 여기에 대항하여 교전과 헤집기 싸움을 안전하게 하기 위해서는 더 강한 지렛대 힘이 필요합니다.

검을 사용한 공격도
신체를 방패처럼 써서
부담없이 흘려낼 수
있거든요.

따라서 이를 제압할 수
있는 지렛대 힘을 얻기
위해 절반의 검을
사용합니다.

절반의 검으로 교전을 할 때는 서로의 거리가
굉장히 가까워지기 때문에 헤집기 싸움과 씨름이
수시로 뒤섞이는 양상이 됩니다.

검이 교차하는 거리가
곧 신체가 서로 닿는
거리가 되거든요!

헤집기와 씨름을 진행하는 원리도 평복싸움과 똑같지만, 갑옷의 취약성을 이용할 수 있습니다.

갑옷을 입은 상대는 하관, 가슴 부분에서 벌어지는 일을 못 본다는 약점을 이용해서

평복싸움보다 더 쉽게 메치기를 할 기회를 잡을 수도 있습니다.

투구나 면갑의 모서리를 잡아 꺾어서 상대의 목을 제어할 수도 있고요.

이런 공격도 시야 밖에서 이루어지기 쉬워서 대응하기 어렵죠.

훌륭한 체력의 소유자가 방어력이 뛰어난 갑옷을 걸쳐도

무술을 할 줄 모르면 그저 걷는 허수아비가 되어 비싼 전리품을 헌납할 뿐입니다.

검이 아니라 다른 무기로 싸운다고 해도 지금까지 설명한 과정에서 크게 벗어나지는 않습니다.

다르다고 해봤자 절반의 검 동작으로 싸울 때에도

교전의 헤집기 싸움 거리가 유지되는 정도죠.

나는 전초에서 바로 씨름으로 넘어가게 되고….

〈서양 검술 메모 끝〉

후기

개인출판 버전으로 『서양검술메모』가
처음 나온 것은 2016년의 일입니다.

2016 10월 서울코믹월드

재밌는 거
만들어 왔어요.

좀 봐주세요.

그때 서양 검술, 혹은 롱소드 검술이라 불리던
이 분야에 ARMA(르네상스무술협회)를 통해
입문한지 2.5년차였고

화르르르르

이 재밌는 걸
권하지 않고
우리끼리만 해?

그건 나태한
죄악이 아닐까?

즐거움, 자신감, 영업정신이 뒤섞여
한창 불타고 있었습니다.

그렇게 용감하게 냈던 독립출판물의 반응이 나름 괜찮아서
재쇄를 진행하고 후속편까지 만들고 있던 2017년,
도서출판 들녘으로부터 정식 출간 제의를 받았습니다

하실 거죠?

나

그거죠?

ㅎㅎㅎ

ㅎㅎㅎ

나

『서양검술메모』
정식 출판 계약

『서양검술메모』의 독립출판 과정을 돌이켜보면 지금 생각해도 놀라운 에너지로 진행됐는데

같이 합시다!!

칼싸움!!

열정 폭발

바로 이 자신감의 언덕을 오르고 있을 때 진행했던 일이기 때문이죠.

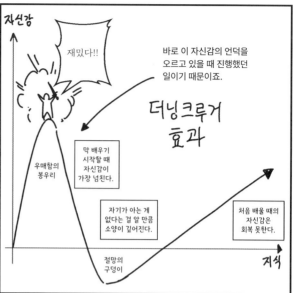

자신감

재밌다!!

더닝크루거 효과

막 배우기 시작할 때 자신감이 가장 넘친다.

우매함의 봉우리

자기가 아는 게 없다는 걸 알 만큼 소양이 깊어진다.

처음 배울 때의 자신감은 회복 못한다.

절망의 구덩이

지식

뺜나

너...

스윽

비판적 자기인식

뭐 알긴 알아?

AK출판사에서 중세 무술 책이 정발됐던데

비판적 자기인식

소곤 소곤

방대하고 괜찮더라.

『서양 검술 메모』, 그림은 싹 다시 그린다 쳐도

내용은 어쩔래? 자신있어?

정식 출판 계약을 맺을 무렵, 저는 르네상스 무술 입문 4년 차를 맞았고

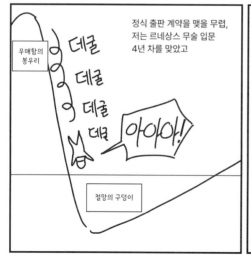

우매함의 봉우리

데굴 데굴 데굴 데굴

아아아!!

절망의 구덩이

님 칼싸움 할 줄 아세요?

이 분야에 대해서 제대로 알고 있는 것이 별로 없다는 것을 알 만큼은 충분히 소양이 쌓였습니다.

삐걱

삐걱

우욱 쿠욱

그... 글쎄요?

정식 출판을 계기로 내가 알고 있다고 믿었던 것들을 되짚어보니

원고는...

들녘

처음부터 다시 점검해야 할 것들이 끝없이 튀어나왔습니다.

지... 진행 중입니다.

머쓱

출판사에서는 잊지 않고 때때로 안부를 물어주셨는데

연구부터 말이죠.

쌓여가는 무기와 갑옷

......

지금도 죄송하게 생각합니다.

2020년까지는 원고를 진행해도 곧 폐기하거나

끼으응

만용을 부린 업보가 무겁군.

추가로 진행을 못하는 상황이 계속 이어졌습니다.

...안 되는 거 붙잡고 있지 말고

일단 수련에라도 집중해야지!

얍

그런데 님 책은 언제 나와요?

으....

사실은... 원고 진행에 손을 못 댄 지 꽤 오래됐거든요.

헐....

근데 오히려 잘됐다는 생각이 드네요.

책 언제 나와요?

진심??

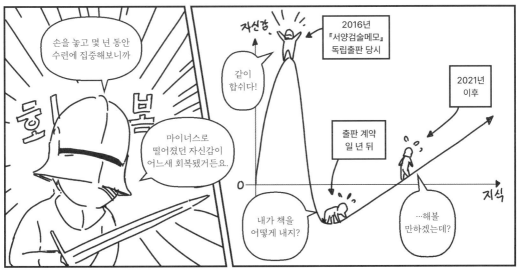

손을 놓고 몇 년 동안 수련에 집중해보니까

둥 붕

마이너스로 떨어졌던 자신감이 어느새 회복됐거든요.

자신감

2016년 『서양검술메모』 독립출판 당시

같이 합쉬다!

2021년 이후

출판 계약 일 년 뒤

0

지식

내가 책을 어떻게 내지?

...해볼 만하겠는데?

입문 시기에는 마냥 독특하고 특별하게만 보였던 르네상스 무술의 요소들이

사실은 보편적인 옛날 무술의 모습에 가까웠다는 것도 알게 됐고

미야모토 무사시의 오륜서의 논지랑 디테일이 왜 이렇게 낯익은가 했는데...

한코 되브링어의 무술서에서 봤던 내용이잖아?

뭐쇼?

어느덧 그 '특별하지 않음'에 실망하지 않게 된 자신을 발견합니다.

남들이 안하는 경솔도

나도 SNS 스타! YEAH~

나를 꾸며줄 뭔가 다른 것, 특별한 것이 필요한 게 아니라

그냥 내가 그걸 진지하고 꾸준하게 계속하고 있다는 사실이 중요해졌습니다.

꾸준~

진지

굳이 여기서 SWAG과 힙함을 찾으려고 할 필요가 있나?

나만의 특별한 멋부림에 집착할 필요도 없으니

르네상스 무술의 용어들을 이해하기 쉽게 번역해 보급하는 일에도 더 깊이 공감하게 됐습니다.

이재훈 씨, 박재현 씨, 오진석 씨 등등 르네상스 무술 사료와 용어의 한국어 번역을 진행하고 기준을 정리하기 위해 노력하신 분들께 다시 한 번 감사드립니다.

르네상스 무술에 지금 종주국이 있는 것도 아니고

옛날에도 독일, 이탈리아, 영국 등 여러 나라에서 똑같은 개념을 자기들 말로 기록했잖아요.

나만 안다고 끝나는게 아니오...

원어 표기의 뉘앙스가 날아간다는 지적도 있지만.

두플리른, 페어젯츤, 압슈나이든 같은 말을 입문자가 익히기는 어렵겠군요.

비슷한 주제의 책이 이미 한국에 있어서 과연 내 작업에 의미가 있을까 하는 문제에 대해서도 나름대로 답을 찾을 수 있었습니다.

중세유럽의 무술

AkaakA4

잊고 있었다! 애초에 내가 르네상스 무술에 입문하게 된 이유를!

A 씨처럼 개인 작품 소재를 찾으려고 온 거잖아?

가공인물 입니다

칼싸움에 대해 궁금해하는 창작자들에게 도움이 될 만한 이야기를 담는다면

자료...

나름대로 의미 있는 책을 만들 수 있겠지?

신선한 자료~ 소재~ 신굴로...

애초에 독립출판물 『서양검술메모』도 그런 방향으로 진행되었잖아?

그렇게 되어 2023년,
르네상스 무술 입문
10년 차를 눈앞에 두고

들녘과 정식 출판 계약을
맺은 지는 6년이
넘어가는 시기에

드디어 망설임과 미혹을
떨치고 이 책의 원고를
마감할 수 있게 되었습니다.

(이것은 연출된 장면이며 실제 원고는 디지털 파일로
온라인을 통해 보내드렸습니다.)

늦어서
죄송합니다…
죄송합니다…
죄송합니다….

본편 마감 얼마 전인 2023년 9월
검토용 출력본을 ARMA의 디렉터
존 클레멘츠 씨에게 직접 보여드릴
기회도 있었는데

디렉터님,
여기 전에 메일로
말씀드린 책
원고입니다…

…?!

[영어]
한국어판만이라도
먼저 나오는 대로
한 부 보내줄 수
있겠나?

[영어]
물론이죠!
헤헤헤…

그때 반가워해주시던 모습이
원고를 마치는 순간까지
큰 힘이 됐습니다.

6년 만에
해방(?)

책 나오는 대로 한 부
보내드리겠다고 했던
약속을 곧 지킬 수 있을 것
같아 감개무량합니다.

이렇게 후기를
그리고 있는 순간이
별로 현실감이 없네요.

야생의 작가 A씨 등장

…그런데

원래 만화 소재로 쓰려고
칼싸움을 배우기
시작했다면서요

그 만화는
어떻게
됐어요?

무슨 만화가
나왔어…?

완전히 잊어버렸네.

이것참

르네상스 무술은
그거대로 계속하고
본업도 충실히
하다 보면

…언젠가
새로운 기획으로
연결될지도
모르죠?

억지로 본업과
연결 짓기보다는
수련은 수련대로
꾸준히 이어나가는 게
낫겠다고 생각하고 있습니다.

이 책도 그렇게 접근한 덕분에
완성할 수 있었으니까요.

END

용어집과 색인

- **긴 칼끝**
- 독 langer Ort, Langortt, lang Ortt
- 칼끝을 길게 뻗어놓은 자세. 찌르기를 수행할 때나 후리기를 가장 멀리 뻗을 때 거쳐가는 모습. 혹은 상대를 이끌어내는 속임수를 위해 사용될 수도 있다.
- 247, 295~296.

- **꺾어후리기**
- 독 Krumphau, Krump
- 사범의 다섯 후리기 중 하나로 황소 포진을 깨트린다. 여러 특성상 아래에서 대각선 위로 상승하는 궤적의 후리기로 보이지만 무술책들은 꺾어후리기를 높은 후리기로 분류한다. 처음 꺾어후리기를 시작할 때 칼을 높은 곳에서 떨어트리며 보관을 거쳐가는 특징이 낮은 후리기와 구분되기 때문인 것으로 보인다. 높은 후리기로 떨어지면서 시작하지만 중간에 '꺾어서' 상승하는 궤적으로 끝나는 움직임 이외의 다른 재현은 무술서가 언급하는 다양한 조건들을 충족시키지 못한다.
- 193, 204, 219, 221, 224, 229, 232, 234, 269, 276.

- **나중**
- 독 Nach
- 먼저 시작한 공격이 막히더라도 즉시 다음에 칠 수 있는 곳으로 후속 공격을 이어나갈 것, 혹은 선제타를 빼앗겼을 때에도 소극적인 방어가 아니라 상대가 노출한 틈임을 향해 공격으로 되받아쳐야 한다는 지침.
- 137, 138, 140, 150~152, 202, 204~205, 222, 290.

- **낚아채기**
- 독 Umbschnappen
- 상대의 검과 팔이 뻗쳐 있을 때 이를 위에서 낚아채 눌러 묶어서 위쪽 틈임을 치는 것. 반대로 낚아채기를 하는 동안에는 자기 팔도 뻗게 되기 때문에 상대가 같은 동작으로 받아칠 수도 있다.
- 281~282.

- **낮은 후리기**
- 독 Unterhau
- 낮은 곳에서 출발해 높이 상승하는 후리기.
- 221.

- **높은 후리기/내려베기**
- 독 Oberhau, Überhau
- 위에서 아래로 떨어지는 후리기.
- 141, 223~225, 281.

- **느낌**
- 독 Fülen, Fühlen, Feuhlen
- 무기가 교차한 순간 강함과 약함 등을 느끼고 다음 행동으로 이어나가는 것. 찰나(Indes)와 같은 것으로 설명된다.
- 150, 153, 285~286.

- **달려들기, 주파하기**
- 독 Einlauffen, Durchlauffer, Durchlauffen
- 상대의 검을 높이 묶어둔 상태에서 곧바로 달려들어 씨름을 하는 것.
- 254~256, 258~259, 322.

- **대화의 창**
- 독 Sprechfenster
- 서로의 칼이 엮여서 일시적으로 멈춘 상태. 선제타가 성공해서 묶은 상황과 달리 곧바로 후속타를 이어가려고 하면 그 의도가 그대로 노출된다.
- 284~285, 290~291, 321.

- **덧대기**
- 독 Ansetzen
- 포진에서 그대로 칼끝을 뻗는 찌르기를 통해 상대의 후리기를 치우는 것. 이것을 '긴 칼끝으로 후리기를 깬다.'라고 서술하기도 한다. 칼끝이 상대를 향하고 있을 때는 길게 에두르는 후리기보다 직선으로 가는 찌르기가 항상 빠르다.
- 274.

- **덮치기**
- 독 Ueberlauffen, Überlauffen
- 높은 후리기, 높은 틈임을 향한 공격이 낮은 후리기, 낮은 틈임을 향한 공격보다 더 길게 뻗고 강하다는 원리.
- 260.

- **뒤집기**
- **독 Verkehren, das Verkehrer**
- ① 지그문트 링엑의 무술서에는 얼굴을 향한 찌르기를 상대가 빗겨내면서 노출시킨 트임으로 들어가 팔꿈치를 붙잡고 상체를 뒤집는 예시로 서술됨.
  ② 요아힘 마이어의 무술서에는 상대와 검이 엮였을 때 칼날을 꺾어후리기 궤적으로 아래로 뒤집어 가두는 예시로 등장.
- 280~282.

- **뒤쫓기**
- **독 Nachreisen, Nachraisen**
- 상대의 공격이 지나간 뒤에 노출된 트임을 향해 쫓아들어가는 공격.
- 279, 286.

- **뒷날, 짧은 날**
- **독 krutze Schneide / 이 filo falso / 영 short edge**
- 양날을 가진 도검을 손으로 잡았을 때 엄지손가락 뿌리 마디쪽을 향하는 날. 짧은 날, 가짜 날이라고도 한다. 양날이 대칭인 도검도 뒷날을 사용한 공격은 앞날을 사용한 공격보다 짧게 닿는다. 외날을 가진 도검 중에도 칼끝에는 뒷날이 만들어진 유형이 있다.
- 34, 198, 214, 238, 303.

- **디오고 고메스 데 피게레도**
- **Diogo Gomes de Figueyredo**
- 17세기에 활동한 포르투갈 군인, 외교관, 무술가. 1628년에는 데스트레자 전통을 따른 레이피어 싸움에 대한 저술을, 1651년에는 대형 검(montante)에 대한 저술을 남겼다.
  〈저술한 무술서〉
    • Oplosophia e Verdadeira Destreza das Armas (1628)
    • Memorial Da Prattica do Montante (1651)
- 315.

- **르네상스 무술**
- **The Martial Arts of Renaissance Europe**
- 중세-근세 유럽의 무술. 르네상스 유럽 무술이라는 명칭은 웨일즈 스완시 대학의 명예교수 시드니 앵글로 박사의 저서와 연구를 따른 것이다. 복원의 기준이 되는 사료는 14세기부터 17세기 사이의 무술서들로, 역사학에서 흔히 사용되는 르네상스 시대라는 용어가 지칭하는 연대와 완전히 일치하지는 않는다.
- 17.

- **매달린 칼끝**
- **독 Hängenort, Hengenort**
- 손잡이를 위쪽 측면에 두고 칼끝을 아래쪽 전방 사선으로 매달아 상대의 칼을 흘려내는 자세.
- 204, 223.

- **매의 태세**
- **이 posta di falcon**
- 필리포 디 바디의 무술서에서 볼 수 있는 자세. 리히테나우어 계열의 문서에서 언급하는 천장 포진과 비슷하며, 여기에서부터 모든 방어를 이뤄낼 수 있다고 설명된다.
- 264.

- **먼저**
- **독 Vor**
- 상대의 움직임을 기다리지 말고 먼저 공격해야 한다는 지침. 기다렸다가 방어하려고 하는 자는 주도권을 잃고 상대에게 휘둘리며 위험에 빠지기 쉽다. 하지만 상대를 살피지 않고 무작정 공격해 들어가라는 맹목성과는 다른 것으로, 무술서들은 항상 상대를 주의깊게 살펴야 한다는 서술을 빠트리지 않는다.
- 137, 138~139, 150~152, 202, 204~205, 290.

- **멍청이**
- **독 Alber**
- 네 가지 포진 중 낮은 매달기. 몸의 중심에서 칼을 아래로 늘어트려 칼끝이 땅을 향한다. 이 포진에서 곧바로 공격하기는 어렵지만, 상대의 모든 후리기와 찌르기를 깨트린다.
- 210, 226, 229, 233~234.

- **무술서/싸움책/페히트부흐**
- **독 Fechtbuch**
- 중세, 근세 유럽에서 작성된 무술에 대한 책과 원고. 요

아힘 마이어의 책처럼 독립적인 책으로 출판된 것부터 한코 되브링어의 문서처럼 다양한 주제를 모아놓은 책의 일부분으로 남은 것까지 다양한 형태가 존재한다. 현재 알려진 가장 오래된 페히트부흐는 검과 손방패로 싸우는 내용을 서술한 I:33 문서.

– 73.

• 묶기
– **독 Binden, Band**
– 상대와 무기나 몸이 교차됐을 때 압박해 가두는 것. 상대가 자유롭게 움직이지 못하도록 통제해 안전을 확보한다. 트임을 향한 선제타는 이러한 묶음을 만들어 후속타를 이어가기 유리하다.
– 152, 159, 193, 237~238, 240, 254, 256, 265~267, 270, 272, 276, 280, 285, 321, 329.

• 바꿔지르기
– **독 Durchwechsel, Wechel**
– 상대의 칼과 접촉을 피해 다른 트임으로 칼끝을 보내는 동작. 특히 상대가 짧은 후리기를 보내거나 나의 무기를 쳐내려고 움직일 때 즉시 대응하기 좋다.
– 143, 276, 289.

• 박자
– **이 tempo**
– 정량적으로 표현되는 음악에서의 박자와 달리 무술에서 박자는 주로 한 동작을 시작해서 완료할 때까지의 상대적 시간을 나타낸다. 걷기나 후리기 같은 행동을 할 때 그 시작부터 완료까지를 한 박자로 본다. 치우기, 빗겨내기와 같이 한 번의 동작으로 상대의 공격을 이탈시키면서 반격하는 것을 한 박자(tempo)를 통해 방어한다고 말한다. 상대의 공격을 이탈시키는 동작을 먼저 하고, 다음 동작으로 반격하는 것은 두 박자(dui tempi)를 통해 방어한다고 설명한다. mezzo tempo는 '반박자' '엇박자'로 번역하는데 이것은 통상의 박자보다 빠른 속도로 움직이라는 의미가 아니라 상대가 행동하는 박자 중간에 끼어들어 망치는 것을 의미한다. 치우기, 빗겨내기 같은 좋은 방어는 엇박자로 끼어들어 상대의 박자를 망치는 것으로 이루어진다.
– 230, 265, 285.

• 방패치기
– **독 Schildschlag, Schiltslac**
– I:33 무술서에 소개되는 손방패로 싸울 때의 동작. 서로의 검이 교차된 상태일 때, 방패로 상대의 검과 방패를 쳐서 묶는 것. 상대의 머리를 공격할 때 이를 생략하면 위험하다고 언급된다.
– 321.

• 변동
– **독 Mutieren**
– 헤집기 동작 중 하나. 선제타가 상대 칼의 약한 부분과 교차되어 막혔다면 그대로 눌러 반대편 트임을 찌른다.
– 237, 239, 241~242, 278.

• 보관
– **독 Kron / 이 corona / 영 crown**
– 머리에 쓰는 관에서 유래한 표현. 얼굴 앞에 검의 손잡이와 강한 부분이 오는 모습을 관을 쓴 모습에 비유한 것으로 보인다. 상대를 묶거나 공격을 빗겨내고 헤집기를 할 때 거쳐가는 중요한 자세.
– 148, 203, 220, 223~224, 226, 247, 263.

• 분노태세
– **독 Zornhut**
– 포진(Leger)이 아니라 태세(Hut)로 분류되는 자세. 칼을 머리 뒤로 넘겨 강한 후리기를 준비하는 태세. 여인의 태세 참조.
– 222.

• 분노후리기
– **독 Zornhau, Zorenuhau, Zomhau**
– 사범의 다섯 후리기 중 하나. 앞날로 수행하는 대각선 궤적의 높은 후리기. 모든 후리기와 찌르기를 깨고 치운다.
– 203, 219, 222, 225, 230, 233.

• 빗겨내기
– **독 Absetzen**
– 'ab'은 '탈락시키는', 'setzen'은 '가져다 놓기'라는 뜻이다. 상대의 찌르기를 옆으로 빗겨내 맞찌르기로 대응하는 움직임.

- **여인의 태세**
- 이 pasta di donna
- 모든 종류의 공격을 이루고, 또 가릴 수 있다고 설명되는 태세. 분노태세 참조.
- 329.

- **열쇠**
- 독 Schlüssel
- 요아힘 마이어의 무술책에 소개되는 자세. 검을 품에 안듯 끌어당겨 팔로 날을 받쳐주는 모습이 특징적이다. 상대의 모든 태세를 열쇠처럼 연다고 서술된다.
- 306.

- **올려붙잡기**
- 독 Übergreiffen
- 양손용 장검으로 싸울 때 오른손으로 십자날받이 위의 검의 강한 부분, 리카소를 잡는 동작.
- 304.

- **요아힘 마이어**
- Joachim Meyer
- 1537년 바젤 태생, 1571년 사망. 스트라스부르의 시민이자 일상용 칼 장인, 무술 사범. 여러 차례 무술서를 저술했는데, 1561년 벨츠의 궁정백 게오르그 요한 1세에게 헌정하기 위해 쓴 것(MS Bill. 2465), 1568년 훗날의 졸름스–존네발데 백작인 오토를 위해 쓴 것(MS A.4º.2) 등이다. 1570년에 발간한 『아름답고 유용한 도해로 꾸미고 나타낸 온갖 관습상의 무기들에 대한 자유로운 기사답고 고귀한 무예의 자세한 설명 Gründtliche Beschreibung der… Kunst des Fechtens』은 지메른 궁정백 요한 카시미어에게 헌정된 것으로 장검, 두삭, 레이피어, 비수와 씨름, 장대 무기 등의 기법을 풍부하게 망라하고 있다.
- 67, 169, 224, 281~282, 306.

- **요하네스 리히테나우어**
- Johannes Liechtenauer
- 요하네스 리히테나우어는 생몰연대, 행적이 모두 불분명하고 직접 남긴 기록이 발견되지 않는 인물이다. 리히테나우어를 언급한 가장 오래된 문헌은 흔히 한코 되브링어로 불리는 폴 하우스부흐의 기록이다. 이 기록에서 리히테나우어의 업적은 무술의 발명이 아니라 여러

나라를 여행하면서 참된 기예를 익히고 이를 정리한 것으로 묘사된다. 리히테나우어가 남겼다고 전해지는 것으로 싸움의 원리와 기술에 대한 운문 형식의 요결(Zettel)이 있으며, 많은 사범이 남긴 무술서는 이 리히테나우어의 요결에 해설을 붙인 형식으로 저술되었다.
- 133, 136, 291, 328.

- **울타리**
- 독 Schrankhut, Schranckhut
- 칼날을 아래쪽으로 매달아 하체의 좌우 트임을 가리는 자세.
- 196, 210.

- **일각수**
- 독 Einhorn
- 황소에서 칼끝이 훨씬 위로 들린 모습의 자세.
- 196, 203, 210.

- **쟁기**
- 독 Pflug
- 네 가지 포진 중 낮은 매달기. 손잡이를 골반의 한쪽 측면에 놓고 칼끝은 상대를 겨눈다.
- 209, 216~217, 229, 231, 276, 295, 328.

- **전초**
- 독 Zufechten
- 서로가 접근하며 싸움을 시작하는 단계.
- 169, 253~254, 265, 279, 294, 296, 318~319, 328~329, 331.

- **절반의 검**
- 독 halb Schwert, halbem Schwert
- 검신의 중간을 잡아 칼을 짧게 잡는 동작. 이탈리아어 mezzo spada를 직역하면 '절반의 검'이지만, 이것은 두 칼이 교차된 상태를 가리키는 표현이니 혼동하지 않도록 유의.
- 292, 295~297, 299, 304, 330~331.

- **절반의 철문**
- 이 porta di ferro mezana

- 피오레의 무술서에서 소개된 자세. 멍청이 포진과 같은 것으로 보인다.
- 329.

• 정면태세
- 이 posta frontale
- 손이나 무기의 손잡이를 정면 머리 높이에 두고 헤쳐나가는 자세. 피오레는 이를 보관이라고도 부르는 것으로 표현한다.
- 148, 247, 263.

• 정수리후리기
- 독 Scheitelhau, Schedelhau, Schaitler
- 사범의 다섯 후리기 중 하나. 상대의 머리를 향해 수직 궤적으로 떨어지는 높은 후리기. 앞날로 수행한다. 멍청이 포진을 치우고, 아래에서 위로 쓸어치는 후리기를 깨트린다.
- 219, 226, 229, 233~234.

• 지그문트 링엑
- Sigmund ain Ringeck
- 15세기 독일의 사범. 바이에른 공작 알브레히트의 후원으로 활동했다. 리히테나우어의 요결에 대한 풍부한 해설을 남겼고, 후대의 다른 무술서 사본의 내용에도 많은 영향을 끼친 것으로 보인다.
- 269, 280.

• 진지한 싸움
- 독 ernstem(ernst) Fechten
- 목숨을 걸고 최선을 다한 싸움. 되브링어 등의 사범들은 이를 '궁정식 싸움'이라 부르는 것과 구분했다.
- 49, 270, 300, 326.

• 짧은 검
- 독 kurzen Schwert
- 칼을 짧게 잡는 것. 절반의 검의 다른 표현. 혹은 갑주 결투에 사용된 다소 짧은 날을 지닌 장검.
- 292, 294.

• 짧은 태세
- 이 posta breve

- 검도의 중단세처럼 검의 손잡이를 복부 중앙에 짧게 잡고 칼끝을 상대에게 겨누는 태세. 피오레는 갑옷을 입은 싸움에 더 적합하다고 설명한다.
- 187, 329.

• 찌르기
- 독 Stich, Stoss / 이 puntare
- 칼끝으로 찔러서 상해를 입히는 것. 베기, 썰기와 함께 검으로 입힐 수 있는 세 가지 상해 중 하나.
- 32, 80, 98, 100, 103, 194, 208~209, 285.

• 찰나
- 독 Indes, Indessen
- 직역하면 '…하는 동안에'. 강함과 약함, 먼저와 나중을 이어주는 개념으로 제시되는 것. 싸움에서 서로의 합이 교차하는 즉시 상황을 감지하여 주도권을 빼앗을 수 있는 행동을 이어나가게 한다. 리히테나우어의 요결에서 찰나는 느낌과 연결된 개념으로 나온다.
- 137, 150, 205, 285, 290.

• 채찍질
- 독 das Gayszlen
- 한 손으로 무게추를 잡고 내던지듯 후리는 동작.
- 296, 302.

• 천장, 한낮, 정오
- 독 Vom Dach, Vom Tag
- 네 가지 포진 중 하나. 검을 머리 위로 높이 들어 올린 자세. 모든 높은 후리기는 이 자세에서 시작한다.
- 207, 216, 222~223, 226, 229, 233, 235, 264.

• 철문
- 이 porta di fㄹerro / 독 Eiserne Pforte
- 맨손 싸움에서는 손, 무기를 든 싸움에서는 무기를 아래로 가라앉힌 자세. 피오레에는 철문과 중간 철문을 구분한다. 멍청이 포진 항목을 참조.
- 27, 196, 329.

• 치우기
- 독 Versetzen, Versatzung

- 'ver'는 '저지되다 'setzen'은 '가져다놓기'라는 뜻이다. 상대의 공격을 차단할 수 있는 궤적의 공격으로 받아치는 개념의 방어. 검이 상대의 무기를 의식해 끌려다니는 게 아니라, 상대의 트임을 노리는 것이 좋은 방어라 설명된다.
- 195, 199~201, 226, 228, 234~235, 253~254, 258, 270~271, 276, 278, 284, 288, 319, 330.

- **타격중심/COP**
- center of percussion
- 물체가 외부의 힘을 받아 움직일 때 회전 반작용에 의한 영향을 가장 적게 받는 작용점. 야구 배트, 골프채, 테니스 라켓 등에서 공을 가장 효과적으로 칠 수 있는 부분.
- 30.

- **튕겨내기**
- 독 Schnellen
- 칼끝을 빠르게 튕겨 치는 동작.
- 283.

- **트임**
- 독 Bloß, Bloss / 영 opening
- 가리지 못하고 노출된 약점. 방어가 비어서 공격할 수 있는 곳. 에두르지 않고 트임을 직접 노리는 공격을 하면 상대에게 이에 반응할 것인지 그러지 못하고 죽을 것인지 양자택일을 강요할 수 있다. 이를 리히테나우어 계열의 사범들은 "위협 없이는 방어하지 않는다."라는 말로 표현한다.
- 138, 184, 207~210, 224, 228, 231, 233, 238~240, 254~256, 258, 261~264, 267, 269~271, 275, 276~279, 284~286, 289, 298~299, 318~319, 321~323, 325, 328~329.

- **파울루스 칼**
- Paulus Kal
- 15세기 독일에서 활동한 무술 사범. 1440년부터 1480년대까지 여러 귀족 아래에 들어가 군사 업무에 봉직한다. 파울루스 칼의 기록에서 특기할 것은 그가 리히테나우어회(Gesellschaft Liechtenauers)라고 부른 사범들의 명단을 제시한 것이다.
〈저술한 무술서〉

- MS KK5126 (ca. 1480)
- MS Chart.B 1021 (1473~1503)
- Gotti MS (late 1400s)
- 70.

- **페터 폰 단치히**
- Peter von Danzig
- 15세기에 활동한 무술 사범. 파울루스 칼이 기록한 리히테나우어회 명단에서도 찾아볼 수 있다. 그의 무술서는 리히테나우어의 요결에 대한 방대한 주해를 제공하며 장검, 도보전과 마상무예, 씨름 등을 총망라하여 15세기 르네상스 무술에 대한 자세한 상을 제시한다. 또한 리히테나우어회의 다른 사범들의 저술도 함께 모아 정리한 중요한 사료다.
〈저술한 무술서〉
- Cod. 44.A.8 (1452)
- 236.

- **평복싸움**
- 독 Blossfechten
- 무장하지 않은 평상복 차림의 싸움.
- 305, 325, 328, 331.

- **포진**
- 독 Leger / 이 guardia
- 싸움에서 사용하는 준비된 자세. 리히테나우어의 요결에서는 황소, 천장, 쟁기, 멍청이 네 가지를 제시한다.
- 206, 224, 228, 230, 233, 234, 269, 276, 296, 328.

- **프란체스코 페르난도 알피에리**
- Francesco Fernando Alfieri
- 17세기에 활동한 이탈리아 출신. 파도바의 군사학교 아카데미아 델리아의 무술 사범. 레피어, 군기, 장창, 대형 검에 대한 저술을 남겼다.
〈저술한 무술서〉
- La Bandiera (1638)
- La Scherma (1640)
- La Picca (1641)
- L'arte di ben maneggiare la spada (1653)
- 315.

- 싸움에 임할 때는 움직임을 멈추지 말아야 한다는 지침. 되브링어는 독일어로 작성한 자신의 무술서에서 유독 활동을 라틴어 'motus'로 표기해 강조했다. 이 단어를 사용하지 않더라도, 활동은 다른 사범들의 무술서, 다른 문화권의 무술에도 반복해서 강조된다.
- 130, 269, 291.

- **• 황소**
- **독 Ochs**
- 리히테나우어 계열의 문서에서 소개하는 네 포진 중 하나. 손잡이를 머리 옆에 두고 칼끝은 상대의 얼굴을 겨눈다. 되브링어는 황소를 천장과 함께 두 높은 매달기로 분류한다.
- 141, 208~209, 223~224, 228~229, 232, 234, 269, 328.

- **• 회전**
- **이 volta**
- 피오레가 설명한 발의 움직임으로 몸을 회전시키는 동작. 절반 회전(mezza volta), 안정된 회전(volta stabile), 완전한 회전(tutta volta)이 제시된다.
- 178.

- **• 후리기**
- **독 Hau / 이 colpo / 영 cut, strike**
- 전초에서 상대의 틈임을 향해 무기를 휘둘러 치는 동작. 상대의 틈임이 아닌 무기를 노린 후리기는 무의미하고 스스로를 위험에 빠트린다. 후리기는 무기를 가장 길게 뻗는 궤적을 통과하며, 칼이 교차한 상태에서 이루어지는 헤집기에서 베는 동작과 구분된다.
- 141.

- **• 후속타/후발타**
- **독 Nachschlag, Nochslag**
- 선제타가 막혔을 때 멈추지 않고 다음 틈임을 향해 이어나가는 공격.
- 149, 319.

- **• 흘겨후리기**
- **독 Schielhau**
- 사범의 다섯 후리기 중 하나. 뒷날로 칼을 뒤집어서 수행하는 대각선 궤적의 높은 후리기. 마치 흘겨보거나 비뚤어진 것 같은 상태로 시작한다고 해서 흘겨후리기라 불린다. 쟁기 포진을 치우며, 바꿔지르기를 차단하기 좋다. 반대로 흘겨후리기를 짧게 하면 바꿔지르기에 쉽게 당한다.
- 203, 219, 225, 227, 229, 232, 276.